et psychologie

Michel Foucault

Maladie mentale et psychologie

QUADRIGE / PUF

ISBN 978-2-13-058259-5
ISSN 0291-0489

Dépôt légal — 1re édition : 1954
5e édition « Quadrige », 2e tirage : 2011, septembre

Bibliothèque de Philosophie contemporaine
6, avenue Reille, 75014 Paris

INTRODUCTION

Deux questions se posent : sous quelles conditions peut-on parler de maladie dans le domaine psychologique ? Quels rapports peut-on définir entre les faits de la pathologie mentale et ceux de la pathologie organique ? Toutes les psychopathologies se sont ordonnées à ces deux problèmes : il y a les psychologies de l'hétérogénéité qui se refusent, comme l'a fait Blondel, à lire en termes de psychologie normale les structures de la conscience morbide ; et, au contraire, les psychologies, analytiques ou phénoménologiques, qui cherchent à ressaisir l'intelligibilité de toute conduite, même démente, dans des significations antérieures à la distinction du normal et du pathologique. Un partage analogue se fait également dans le grand débat de la psycho-genèse et de l'organogenèse : recherche de l'étiologie organique, depuis la découverte de la paralysie générale, avec son étiologie syphilitique ; ou analyse de la causalité psychologique, à partir des troubles sans fondement organique, définis à la fin du XIXe siècle comme syndrome hystérique.

Tant de fois repris, ces problèmes, aujourd'hui, rebutent, et il serait sans profit de résumer les débats qu'ils ont fait naître. Mais on peut se demander si l'embarras ne vient pas de ce qu'on donne le même sens aux notions de maladie, de symptômes, d'étiologie en pathologie mentale et en pathologie organique. S'il apparaît tellement malaisé de définir la maladie et la santé psychologiques, n'est-ce pas parce qu'on s'efforce en vain de leur appliquer massivement des concepts destinés également à la médecine somatique ? La difficulté à retrouver l'unité des perturbations organiques et des altérations de la personnalité, ne vient-elle pas de ce qu'on leur suppose une structure de même type ? Par-delà la pathologie mentale et la pathologie organique, il y a une pathologie générale et abstraite qui les domine l'une et l'autre, leur imposant, comme autant de préjugés, les mêmes concepts, et leur indiquant les mêmes méthodes comme autant de postulats. Nous voudrions montrer que la racine de la pathologie mentale ne doit pas être cherchée dans une quelconque « métapathologie », mais dans un certain rapport, historiquement situé, de l'homme à l'homme fou et à l'homme vrai.

Cependant un bilan rapide est nécessaire, à la fois pour rappeler comment se sont constituées les psychopathologies traditionnelles ou récentes, et pour montrer de quels préalables la médecine mentale doit être consciente pour trouver une rigueur nouvelle.

Chapitre Premier

MÉDECINE MENTALE ET MÉDECINE ORGANIQUE

Cette pathologie générale dont nous venons de parler s'est développée en deux étapes principales.

Comme la médecine organique, la médecine mentale a tenté, d'abord, de déchiffrer l'essence de la maladie dans le groupement cohérent des signes qui l'indiquent. Elle a constitué une *symptomatologie* où sont relevées les corrélations constantes, ou seulement fréquentes, entre tel type de maladie et telle manifestation morbide : l'hallucination auditive, symptôme de telle structure délirante ; la confusion mentale, signe de telle forme démentielle. Elle a constitué, d'autre part, une *nosographie* où sont analysées les formes elles-mêmes de la maladie, décrites les phases de son évolution, et restituées les variantes qu'elle peut présenter : on aura les maladies aiguës et les maladies chroniques ; on décrira les manifestations épisodiques, les alternances de symptômes, et leur évolution au cours de la maladie.

Il peut être utile de schématiser ces descriptions classiques, non seulement à titre d'exemple, mais aussi pour fixer le sens originaire de termes classiquement utilisés.

Nous emprunterons aux vieux ouvrages du début de ce siècle des descriptions dont l'archaïsme ne doit pas faire oublier qu'elles ont été aboutissement et point de départ.

Dupré définissait ainsi l'*hystérie* : « État dans lequel la puissance de l'imagination et de la suggestibilité, unie à cette synergie particulière du corps et de l'esprit que j'ai dénommée psychoplasticité, aboutit à la simulation plus ou moins volontaire de syndromes pathologiques, à l'organisation mythoplastique de troubles fonctionnels, impossibles à distinguer de ceux des simulateurs. »[1] Cette définition classique désigne donc comme symptômes majeurs de l'hystérie, la suggestibilité, et l'apparition de troubles comme la paralysie, l'anesthésie, l'anorexie, qui n'ont pas, en l'occurrence, de fondement organique, mais une origine exclusivement psychologique.

La psychasthénie, depuis les travaux de Janet, est caractérisée par l'épuisement nerveux avec des stigmates organiques (asthénie musculaire, troubles gastro-intestinaux, céphalées) ; une asthénie mentale (fatigabilité, impuissance devant l'effort, désarroi en face de l'obstacle ; insertion difficile dans le réel et le présent : ce que Janet appelait « la perte de la fonction du réel ») ; enfin des troubles de l'émotivité (tristesse, inquiétude, anxiété paroxystique).

Les obsessions : « apparition sur un état mental habituel d'indécision, de doute et d'inquiétude, et sous la forme d'accès paroxystiques intermittents, d'obsessions-impulsions diverses »[2]. On distingue de la *phobie*, caractérisée par des crises d'angoisse paroxystique devant des objets déterminés (agoraphobie devant les espaces vides),

1. DUPRÉ, *La constitution émotive* (1911).
2. DELMAS, *La pratique psychiatrique* (1929).

la *névrose obsessionnelle*, où sont surtout marquées les défenses que le malade érige contre son angoisse (précautions rituelles, gestes propitiatoires).

Manie et dépression : Magnan a dénommé « folie intermittente » cette forme pathologique, dans laquelle on voit alterner, à des intervalles plus ou moins longs, deux syndromes pourtant opposés : le syndrome maniaque, et le syndrome dépressif. Le premier comporte l'agitation motrice, une humeur euphorique ou coléreuse, une exaltation psychique caractérisée par la verbigération, la rapidité des associations et la fuite des idées. La dépression, à l'inverse, se présente comme une inertie motrice sur fond d'humeur triste, accompagnée de ralentissement psychique. Parfois isolées, la manie et la dépression sont liées le plus souvent par un système d'alternance régulier ou irrégulier, dont Gilbert-Ballet a dessiné les différents profils[1].

La paranoïa : sur un arrière-plan d'exaltation passionnelle (orgueil, jalousie), et d'hyperactivité psychologique, on voit se développer un délire systématisé, cohérent, sans hallucination, cristallisant dans une unité pseudo-logique des thèmes de grandeur, de persécution et de revendication.

La psychose hallucinatoire chronique est elle aussi une psychose délirante ; mais le délire est mal systématisé, souvent incohérent ; les thèmes de grandeur finissent par absorber tous les autres dans une exaltation puérile du personnage ; enfin et surtout il est soutenu par des hallucinations.

L'hébéphrénie, psychose de l'adolescence, est classi-

1. G. BALLET, La psychose périodique, *Journal de Psychologie*, 1909-1910.

quement définie par une excitation intellectuelle et motrice (bavardage, néologismes, calembours ; maniérisme et impulsions), par des hallucinations et un délire désordonné, dont le polymorphisme s'appauvrit peu à peu.

La catatonie se reconnaît au négativisme du sujet (mutisme, refus d'aliment, phénomènes appelés par Kraepelin « barrages de volonté »), à sa suggestibilité (passivité musculaire, conservation des attitudes imposées, réponses en écho), enfin aux réactions stéréotypées et aux paroxysmes impulsifs (décharges motrices brutales qui semblent déborder tous les barrages instaurés par la maladie).

Observant que ces trois dernières formes pathologiques, qui interviennent assez tôt dans le développement, tendent vers la démence, c'est-à-dire vers la désorganisation totale de la vie psychologique (le délire s'effrite, les hallucinations tendent à faire place à un onirisme décousu, la personnalité sombre dans l'incohérence), Kraepelin les a groupés sous la dénomination commune de *Démence précoce*[1]. C'est cette même entité nosographique qu'a reprise Bleuler, en l'élargissant vers certaines formes de la paranoïa[2] ; et il a donné à l'ensemble le nom de *schizophrénie*, caractérisée, d'une manière générale, par un trouble dans la cohérence normale des associations — comme un morcellement (Spaltung) du flux de la pensée — et d'un autre côté, par une rupture du contact affectif avec le milieu ambiant, par une impossibilité à entrer en communication spontanée avec la vie affective d'autrui (autisme).

1. KRAEPELIN, *Lehrbuch der Psychiatrie* (1889).
2. E. BLEULER, *Dementia praecox oder Gruppe der Schizophrenien* (1911).

Ces analyses ont la même structure conceptuelle que celles de la pathologie organique : ici et là, mêmes méthodes pour répartir les symptômes dans les groupes pathologiques, et pour définir les grandes entités morbides. Or, ce qu'on retrouve derrière cette méthode unique, ce sont deux postulats qui concernent, l'un et l'autre, la nature de la maladie.

On postule, d'abord, que la maladie est une essence, une entité spécifique repérable par les symptômes qui la manifestent, mais antérieure à eux, et, dans une certaine mesure indépendante d'eux ; on décrira un fond schizophrénique caché sous des symptômes obsessionnels ; on parlera de délires camouflés ; on supposera l'entité d'une folie maniaco-dépressive derrière une crise maniaque ou un épisode dépressif.

À côté de ce préjugé d'essence, et comme pour compenser l'abstraction qu'il implique, il y a un postulat naturaliste, qui érige la maladie en espèce botanique ; l'unité que l'on suppose à chaque groupe nosographique derrière le polymorphisme des symptômes serait comme l'unité d'une espèce définie par ses caractères permanents, et diversifiée dans ses sous-groupes : ainsi la Démence Précoce est comme une espèce caractérisée par les formes ultimes de son évolution naturelle, et qui peut présenter les variantes hébéphréniques, catatoniques ou paranoïdes.

Si on définit la maladie mentale avec les mêmes méthodes conceptuelles que la maladie organique, si on isole et si on assemble les symptômes psychologiques comme les symptômes physiologiques, c'est avant tout parce qu'on considère la maladie, mentale ou organique, comme une essence naturelle manifestée par des symptômes spécifiques. Entre ces deux formes de pathologie, il n'y a donc pas d'unité réelle, mais seulement, et par l'intermédiaire de ces deux postulats, un parallélisme abstrait. Or le problème de l'unité humaine et de la totalité psychosomatique demeure entièrement ouvert.

*
* *

C'est le poids de ce problème qui a fait dériver la pathologie vers de nouvelles méthodes et de nouveaux concepts. La notion d'une totalité organique et psychologique fait table rase des postulats qui érigent la maladie en entité spécifique. La maladie comme réalité indépendante tend à s'effacer, et on a renoncé à lui faire jouer le rôle d'une espèce naturelle à l'égard des symptômes, et, à l'égard de l'organisme, celui d'un corps étranger. On privilégie, au contraire, les réactions globales de l'individu ; entre le processus morbide et le fonctionnement général de l'organisme, la maladie ne s'interpose plus comme une réalité autonome ; on ne la conçoit plus que comme une coupe abstraite sur le devenir de l'individu malade.

Dans le domaine de la pathologie organique, rappelons pour mémoire le rôle joué actuellement par les régulations hormonales et leurs perturbations, l'importance reconnue aux centres végétatifs, comme la région du troisième ventricule qui commande ces régulations. On sait combien Leriche a insisté sur le caractère global des processus pathologiques, et sur la nécessité de substituer à une pathologie cellulaire, une pathologie tissulaire. Selyé, de son côté, en décrivant les « maladies de l'adaptation », a montré que l'essence du phénomène pathologique devait être cherchée dans l'ensemble des réactions nerveuses et végétatives qui sont comme la réponse globale de l'organisme à l'attaque, au « stress », venu du monde extérieur.

En pathologie mentale, on accorde le même privilège à la notion de totalité psychologique ; la maladie serait altération intrinsèque de la personnalité, désorganisation interne de ses structures, déviation progressive de son devenir ; elle n'aurait de réalité et de sens qu'à l'intérieur d'une personnalité structurée. Dans cette direction on s'est efforcé de définir les maladies mentales, d'après l'ampleur des perturbations de la personnalité, et qu'on en est venu à distribuer les troubles psychiques en deux grandes catégories : les névroses et les psychoses.

1) *Les psychoses*, perturbations de la personnalité globale, comportent : un trouble de la pensée (pensée maniaque qui fuit, qui s'écoule, glisse sur des associations de sons ou des jeux de mots ; pensée schizophrénique, qui saute, bondit par-dessus les intermédiaires et procède par à-coups ou par contrastes) ; une altération générale de la vie affective et de l'humeur (rupture du contact affectif dans la schizophrénie ; colorations émotionnelles massives dans la manie ou la dépression) ; une perturbation du contrôle de la conscience, de la mise en perspective des divers points de vue, formes altérées du sens critique (croyance délirante dans la paranoïa, où le système d'interprétation anticipe sur les preuves de son exactitude, et demeure imperméable à toute discussion ; indifférence du paranoïde à la singularité de son expérience hallucinatoire qui a pour lui valeur d'évidence) ;

2) Dans les *névroses*, au contraire, c'est un secteur seulement de la personnalité qui est atteint : ritualisme des obsédés à l'égard de tel ou tel objet, angoisses provoquées par telle situation dans la névrose phobique. Mais le cours de la pensée demeure intact dans sa structure, même s'il est plus lent chez les psychasthé-

niques ; le contact affectif subsiste, quitte à être exagéré jusqu'à la susceptibilité chez les hystériques ; enfin, le névrosé, quand bien même il présente des oblitérations de conscience comme l'hystérique, ou des impulsions incoercibles comme l'obsédé, conserve la lucidité critique à l'égard de ses phénomènes morbides.

On classe, en général, parmi les psychoses, la paranoïa et tout le groupe schizophrénique, avec ses syndromes paranoïdes, hébéphréniques et catatoniques ; parmi les névroses, la psychasthénie, l'hystérie, l'obsession, la névrose d'angoisse et la névrose phobique.

La personnalité devient ainsi l'élément dans lequel se développe la maladie, et le critère qui permet de la juger ; elle est à la fois la réalité et la mesure de la maladie.

On a vu dans cette préséance de la notion de totalité un retour à la pathologie concrète, et la possibilité de déterminer comme un domaine unique le champ de la pathologie mentale et celui de la pathologie organique. N'est-ce pas, en effet, au même individu humain dans sa réalité que l'une et l'autre s'adressent par des voies différentes ? Par cette mise en place de la notion de totalité ne convergent-elles pas à la fois par l'identité de leurs méthodes et l'unité de leur objet ?

L'œuvre de Goldstein pourrait en témoigner. Étudiant aux frontières de la médecine mentale et de la médecine organique, un syndrome neurologique comme l'aphasie, il récuse aussi bien les explications organiques par une lésion locale, que les interprétations psychologiques par un déficit global de l'intelligence. Il montre qu'une lésion corticale post-traumatique peut modifier le style des réponses de l'individu à son milieu ; une atteinte fonctionnelle rétrécit les possibilités d'adaptation de l'organisme et raye du comportement l'éventualité de certaines attitudes. Quand un aphasique ne peut nommer un objet qu'on lui montre, alors qu'il peut le réclamer s'il en a besoin, ce n'est pas en raison d'un déficit (suppression organique ou psychologique), que l'on pourrait décrire comme une réalité en soi ; c'est qu'il n'est plus capable d'une certaine attitude en face du monde, d'une perspective de dénomination qui, au lieu de s'approcher de l'objet pour le saisir (greifen), se met à distance pour le montrer et l'indiquer (zeigen) [1].

Que ses désignations premières soient psychologiques ou organiques, la maladie concernerait en tout cas la situation globale de l'individu dans le monde ; au lieu d'être une essence physiologique *ou* psychologique, elle est une réaction générale de l'individu pris dans sa totalité psychologique *et* physiologique. Dans toutes ces formes récentes d'analyse médicale, on peut donc faire la lecture d'une signification unique : plus on envisage comme un tout l'unité de l'être humain, plus se dissipe la réalité d'une maladie qui serait unité spécifique ; et plus aussi s'impose, pour remplacer l'analyse des formes naturelles de la maladie, la description de l'individu réagissant à sa situation sur le mode pathologique.

Par l'unité qu'elle assure et par les problèmes qu'elle supprime, cette notion de totalité est bien faite pour apporter à la pathologie un climat d'euphorie conceptuelle. C'est de ce climat qu'ont voulu profiter ceux qui, de près ou de loin, se sont inspirés de Goldstein. Mais le malheur a voulu que l'euphorie ne soit pas du même côté que la rigueur.

1. GOLDSTEIN, *Journal de Psychologie*, 1933.

*
* *

Nous voudrions montrer au contraire que la pathologie mentale exige des méthodes d'analyse différentes de la pathologie organique, et que c'est seulement par un artifice de langage qu'on peut prêter le même sens aux « maladies du corps » et aux « maladies de l'esprit ». Une pathologie unitaire qui utiliserait les mêmes méthodes et les mêmes concepts dans le domaine psychologique et dans le domaine physiologique est actuellement de l'ordre du mythe, même si l'unité du corps et de l'esprit est de l'ordre de la réalité.

1) *L'abstraction.* — Dans la pathologie organique, le thème d'un retour au malade par-delà la maladie n'exclut pas la mise en perspective rigoureuse qui permet d'isoler, dans les phénomènes pathologiques les conditions et les effets, les processus massifs et les réactions singulières. L'anatomie et la physiologie proposent justement à la médecine une analyse qui autorise des abstractions valables sur le fond de la totalité organique. Certes, la pathologie de Selyé insiste, plus que toute autre, sur la solidarité de chaque phénomène segmentaire avec le tout de l'organisme ; mais ce n'est pas pour les faire disparaître dans leur individualité, ni pour dénoncer en eux une abstraction arbitraire. C'est pour permettre, au contraire, de mettre en ordre les phénomènes singuliers dans une cohérence globale, c'est pour montrer, par exemple, comment des lésions intestinales analogues à celles de la typhoïde prennent place dans un ensemble de perturbations hormonales, dont un élément essentiel est un trouble du fonctionnement cortico-surrénal. L'importance donnée en pathologie organique à la notion

de totalité n'exclut ni l'abstraction d'éléments isolés, ni l'analyse causale ; elle permet au contraire une abstraction plus valable et la détermination d'une causalité plus réelle.

Or, la psychologie n'a jamais pu offrir à la psychiatrie ce que la physiologie a donné à la médecine : l'instrument d'analyse qui, en délimitant le trouble, permettrait d'envisager le rapport fonctionnel de cette atteinte à l'ensemble de la personnalité. La cohérence d'une vie psychologique semble, en effet, assurée d'une autre manière que la cohésion d'un organisme ; l'intégration des segments y tend vers une unité qui rend chacun d'eux possible, mais se résume et se recueille en chacun : c'est ce que les psychologues appellent dans leur vocabulaire emprunté à la phénoménologie l'unité significative des conduites, qui enferme en chaque élément — rêve, crime, geste gratuit, association libre — l'allure générale, le style, toute l'antériorité historique et les implications éventuelles d'une existence. L'abstraction ne peut donc pas se faire de la même manière en psychologie et en physiologie ; et la délimitation d'un trouble pathologique exige d'autres méthodes en pathologie organique qu'en pathologie mentale.

2) *Le normal et le pathologique.* — La médecine a vu progressivement s'estomper la ligne de séparation entre les faits pathologiques et les faits normaux ; ou plutôt elle a saisi plus clairement que les tableaux cliniques n'étaient pas une collection des faits anormaux, de « monstres » physiologiques, mais qu'ils étaient en partie constitués par les mécanismes normaux et les réactions adaptatives d'un organisme fonctionnant selon sa norme. L'hypercalciurie, qui suit une fracture du fémur, est une réponse organique située, comme le dit

Leriche, « dans la ligne des possibilités tissulaires »[1] : c'est l'organisme réagissant d'une manière ordonnée à l'atteinte pathologique, et comme pour la réparer. Mais, ne l'oublions pas : ces considérations reposent sur une planification cohérente des possibilités physiologiques de l'organisme ; et l'analyse des mécanismes normaux de la maladie permet, en fait, de mieux discerner l'impact de l'atteinte morbide, et, avec les virtualités normales de l'organisme, son aptitude à la guérison : tout comme la maladie est inscrite à l'intérieur des virtualités physiologiques normales, la possibilité de la guérison est écrite à l'intérieur des processus de la maladie.

En psychiatrie, au contraire, la notion de personnalité rend singulièrement difficile la distinction du normal et du pathologique. Bleuler, par exemple, avait opposé comme deux pôles de la pathologie mentale, le groupe des schizophrénies, avec la rupture du contact avec la réalité, et le groupe des folies maniaco-dépressives, ou psychoses cycliques, avec l'exagération des réactions affectives. Or, cette analyse a paru définir aussi bien les personnalités normales que les personnalités morbides ; et Kretschmer a pu constituer dans cet esprit, une caractérologie bipolaire, comportant la schizothymie et la cyclothymie, dont l'accentuation pathologique se présenterait comme schizophrénie et comme « cyclophrénie ». Mais, du coup, le passage des réactions normales aux formes morbides ne relève pas d'une analyse précise des processus ; il permet seulement une appréciation qualitative qui autorise toutes les confusions.

Alors que l'idée de solidarité organique permet de distinguer et d'unir atteinte morbide et réponse adaptée,

1. LERICHE, *Philosophie de la Chirurgie*.

l'examen de la personnalité prévient, en pathologie mentale de pareilles analyses.

3) *Le malade et le milieu.* — Enfin, une troisième différence empêche qu'on traite avec les mêmes méthodes et qu'on analyse avec les mêmes concepts la totalité organique et la personnalité psychologique. Aucune maladie, sans doute, ne peut être séparée des méthodes de diagnostic, des procédés d'isolement, des instruments thérapeutiques dont l'entoure la pratique médicale. Mais la notion de totalité organique fait ressortir, indépendamment de ces pratiques, l'individualité du sujet malade ; elle permet de l'isoler dans son originalité morbide, et de déterminer le caractère propre de ses réactions pathologiques.

Du côté de la pathologie mentale, la réalité du malade ne permet pas une pareille abstraction et chaque individualité morbide doit être comprise à travers les pratiques du milieu à son égard. La situation d'internement et de tutelle imposée à l'aliéné depuis la fin du XVIIIe siècle, sa dépendance totale à l'égard de la décision médicale ont sans doute contribué à fixer, à la fin du XIXe siècle, le personnage de l'hystérique. Dépossédé de ses droits par le tuteur et le conseil de famille, retombé pratiquement dans l'état de minorité juridique et morale, privé de sa liberté par la toute-puissance du médecin, le malade devenait le nœud de toutes les suggestions sociales : et au point de convergence de ces pratiques, s'offrait la suggestibilité, comme syndrome majeur de l'hystérie. Babinski, imposant du dehors à sa malade l'emprise de la suggestion, la conduisait à ce point d'aliénation où, effondrée, sans voix et sans mouvement, elle était prête à accueillir l'efficace de la parole miraculeuse : « Lève-toi et marche. » Et le médecin trouvait le signe de la simulation dans la réussite de sa paraphrase évangélique, puisque la malade, suivant l'injonction ironiquement prophétique, se levait réellement et réellement marchait. Or, dans ce que le médecin dénonçait comme illusion, il se heurtait, en fait à la réalité de sa pratique médicale : dans cette suggestibilité, il trouvait le résultat de toutes les suggestions, de toutes les dépendances auxquelles était soumis le malade. Que les observations ne présentent plus guère aujourd'hui de pareils miracles, n'infirme pas la réalité des réussites de Babinski, mais prouve seulement que le visage de l'hystérique tend à s'effacer, à mesure que s'atténuent les pratiques de la suggestion qui constituaient autrefois le milieu du malade.

La dialectique des rapports de l'individu à son milieu ne se fait donc pas dans le même style en physiologie pathologique et en psychologie pathologique.

⁂

On ne peut donc admettre d'emblée ni un parallélisme abstrait, ni une unité massive entre les phénomènes de la pathologie mentale et ceux de la pathologie organique ; il est impossible de transposer de l'une à l'autre les schémas d'abstractions, les critères de normalité, ou la définition de l'individu malade. La pathologie mentale doit s'affranchir de tous les postulats d'une « métapathologie » : l'unité assurée par celle-ci entre les diverses formes de maladie n'est jamais que factice ; c'est-à-dire qu'elle relève d'un fait historique, auquel déjà nous échappons.

Il faut donc, en faisant crédit à l'homme lui-même, et non pas aux abstractions sur la maladie, analyser la spécificité de la maladie mentale, rechercher les formes concrètes que la psychologie a pu lui assigner ; puis déterminer les conditions qui ont rendu possible cet étrange statut de la folie, maladie mentale irréductible à toute maladie.

À ces questions cherchent à répondre les deux parties de cet ouvrage :

1) Les dimensions psychologiques de la maladie mentale ;

2) La psychopathologie comme fait de civilisation.

PREMIÈRE PARTIE

LES DIMENSIONS PSYCHOLOGIQUES DE LA MALADIE

CHAPITRE II

LA MALADIE ET L'ÉVOLUTION

En présence d'un malade profondément atteint, on a l'impression première d'un déficit global et massif, sans aucune compensation : l'incapacité d'un sujet confus à se repérer dans le temps et dans l'espace, les ruptures de continuité qui se produisent sans cesse dans sa conduite, l'impossibilité de dépasser l'instant où il est muré pour accéder à l'univers d'autrui ou pour se tourner vers le passé et l'avenir, tous ces phénomènes invitent à décrire sa maladie en termes de fonctions abolies : la conscience du malade est désorientée, obscurcie, rétrécie, fragmentée. Mais ce vide fonctionnel est en même temps rempli par un tourbillon de réactions élémentaires qui semblent exagérées et comme rendues plus violentes par la disparition des autres conduites : tous les automatismes de répétition sont accentués (le malade répond en écho aux questions qu'on lui pose, un geste déclenché s'enraye et se réitère indéfiniment), le langage intérieur envahit tout le domaine d'expression du sujet qui poursuit à mi-voix un monologue décousu sans s'adresser jamais à personne ; enfin par instants surgissent des réactions émotionnelles intenses.

Il ne faut donc pas lire la pathologie mentale dans le texte trop simple des fonctions abolies : la maladie n'est pas seulement perte de la conscience, mise en sommeil de telle fonction, obnubilation de telle faculté. Dans son découpage abstrait, la psychologie du XIXe siècle invitait à cette description purement négative de la maladie ; et la sémiologie de chacune était bien facile, qui se bornait à décrire les aptitudes disparues, à énumérer, dans les amnésies, les souvenirs oubliés, à détailler dans les dédoublements de personnalités les synthèses devenues impossibles. En fait, la maladie efface, mais elle souligne ; elle abolit d'un côté, mais c'est pour exalter de l'autre ; l'essence de la maladie n'est pas seulement dans le vide qu'elle creuse, mais aussi dans la plénitude positive des activités de remplacement qui viennent le combler.

Quelle dialectique va rendre compte à la fois de ces faits positifs et des phénomènes négatifs de disparition ?

D'entrée de jeu, on peut noter que fonctions disparues et fonctions exaltées ne sont pas de même niveau : ce qui a disparu, ce sont les coordinations complexes, c'est la conscience avec ses ouvertures intentionnelles, son jeu d'orientation dans le temps et l'espace, c'est la tension volontaire qui reprend et ordonne les automatismes. Les conduites conservées et accentuées sont, à l'inverse, segmentaires et simples ; il s'agit d'éléments dissociés qui se libèrent dans un style d'incohérence absolue. À la synthèse complexe du dialogue s'est substitué le monologue fragmentaire ; la syntaxe à travers laquelle se constitue un sens est brisée, et il ne subsiste plus que des éléments verbaux d'où s'échappent des sens ambigus, polymorphes et labiles ; la cohérence spatio-temporelle qui s'ordonne à l'ici et au maintenant s'est effondrée, et il ne subsiste plus qu'un chaos d'ici successifs et d'instants insulaires. Les phénomènes positifs de la maladie s'opposent aux négatifs, comme le simple au complexe.

Mais aussi comme le stable à l'instable. Les synthèses spatio-temporelles, les conduites intersubjectives, l'intentionnalité volontaire sont sans cesse compromises par des phénomènes aussi fréquents que le sommeil, aussi diffus que la suggestion, aussi coutumiers que le rêve. Les conduites accentuées par la maladie ont une solidité psychologique que n'ont pas les structures abolies. Le processus pathologique exagère les phénomènes les plus stables et ne supprime que les plus labiles.

Enfin les fonctions pathologiquement accentuées sont les plus involontaires : le malade a perdu toute initiative, au point que la réponse même induite par une question ne lui est plus possible : il ne peut que répéter les derniers mots de son interlocuteur ; ou quand il parvient à faire un geste, l'initiative est aussitôt débordée par un automatisme de répétition qui l'arrête et l'étouffe. Disons donc, en résumé, que la maladie supprime les fonctions complexes, instables et volontaires, en exaltant les fonctions simples, stables et automatiques.

Or, cette différence dans le niveau structural est doublée d'une différence dans le niveau évolutif. La prééminence des réactions automatiques, la succession sans cesse rompue et désordonnée des conduites, la forme explosive des réactions émotionnelles sont caractéristiques d'un niveau archaïque dans l'évolution de l'individu. Ce sont ces conduites qui donnent leur style aux réactions de l'enfant : absence des conduites de dialogue, ampleur des monologues sans interlocuteurs, répétitions en écho par incompréhension de la dialectique question-réponse ; pluralité des coordonnées spatio-temporelles, ce qui permet des conduites en îlots, où les espaces sont fragmentés et les moments indépendants, tous ces phénomènes qui sont communs aux structures pathologiques et aux stades archaïques de l'évolution désignent dans la maladie un processus régressif.

Si donc, dans un seul mouvement, la maladie fait surgir des signes positifs et des signes négatifs, si elle supprime et exalte à la fois, c'est dans la mesure où, revenant à des phases antérieures de l'évolution, elle fait disparaître les acquisitions récentes, et redécouvre les formes de conduites normalement dépassées. La maladie est le processus au long duquel se défait la trame de l'évolution, supprimant d'abord, et dans ses formes les plus bénignes, les structures les plus récentes, atteignant ensuite, à son achèvement et à son point suprême de gravité, les niveaux les plus archaïques. La maladie n'est donc pas un déficit qui frappe aveuglément telle faculté ou telle autre ; il y a dans l'absurdité du morbide une logique qu'il faut savoir lire ; c'est la logique même de l'évolution normale. La maladie n'est pas une essence contre nature, elle est la nature elle-même, mais dans un processus inversé ; l'histoire naturelle de la maladie n'a qu'à remonter le courant de l'histoire naturelle de l'organisme sain. Mais dans cette logique unique, chaque maladie conservera son profil singulier ; chaque entité nosographique trouvera sa place, et son contenu sera défini par le point où s'arrête le travail de la dissociation ; aux différences d'essence entre les maladies, il faut préférer l'analyse selon le degré de profondeur de la détérioration, et le sens d'une maladie pourra être défini par l'étiage où se stabilise le processus de régression.

*
* *

« Dans toute folie », disait Jackson, « il existe une atteinte morbide d'un nombre plus ou moins grand de centres cérébraux supérieurs, ou, ce qui est synonyme, d'un niveau d'évolution le plus élevé de l'infrastructure cérébrale, ou, ce qui est encore synonyme, du substratum anatomique de la base physique de la conscience... En toute folie, une grande part des centres cérébraux supérieurs est mise hors de fonctionnement d'une manière temporaire ou permanente, par quelque processus pathologique »[1]. Toute l'œuvre de Jackson avait tendu à donner droit de cité à l'évolutionnisme en neuro et en psycho-pathologie. Depuis les *Croonian Lectures* (1874), il n'est plus possible d'omettre les aspects régressifs de la maladie ; l'évolution est désormais une des dimensions par lesquelles on a accès au fait pathologique.

Tout un côté de l'œuvre de Freud est le commentaire des formes évolutives de la névrose. L'histoire de la libido, de son développement, de ses fixations successives est comme le recueil des virtualités pathologiques de l'individu : chaque type de névrose est retour à un stade d'évolution libidinale. Et la psychanalyse a cru pouvoir écrire une psychologie de l'enfant, en faisant une pathologie de l'adulte.

1) Les premiers objets recherchés par l'enfant sont les aliments, et le premier instrument de plaisir, la bouche : phase d'érotisme buccal pendant laquelle les frustrations alimentaires peuvent nouer les complexes de sevrage ; phase aussi de liaison quasi biologique avec la mère, où tout abandon peut provoquer les déficits physiologiques

1. *Facteurs de la folie*, Selected Papers, II, p. 411.

analysés par Spitz[1], ou les névroses décrites par Mme Guex comme étant spécifiquement des névroses d'abandon[2]. Mme Sechehaye est même parvenue à analyser une jeune schizophrène chez qui une fixation à ces stades très archaïques de développement avait amené, au moment de l'adolescence, un état de stupeur hébéphrénique où le sujet vivait, effondré, dans la conscience anxieusement diffuse de son corps affamé.

2) Avec la dentition et le développement de la musculature, l'enfant organise tout un système de défense agressive qui marque les premiers moments de son indépendance. Mais c'est aussi le moment où les disciplines — et, d'une façon majeure, la discipline sphinctérienne — s'imposent à l'enfant, lui rendant présente l'instance parentale sous sa forme répressive. L'ambivalence s'installe, comme dimension naturelle de l'affectivité : ambivalence de l'aliment qui ne satisfait que dans la mesure où on le détruit sur le mode agressif de la morsure ; ambivalence du plaisir qui est aussi bien d'excrétion que d'introjection ; ambivalence des satisfactions tantôt permises et valorisées, tantôt interdites et punies. C'est au cœur de cette phase que se fait la mise en place de ce que Mme Melanie Klein appelle les « bons » et les « mauvais objets » ; mais l'ambiguïté latente des uns et des autres n'est pas encore dominée, et la fixation à cette période décrite par Freud comme « stade sadico-anal » cristallise les syndromes obsessionnels : syndrome contradictoire de doute, d'interrogation, d'attirance impulsive sans cesse compensée par la rigueur de l'interdiction, de précautions contre soi-même, toujours tournée, mais toujours

1. Spitz, *L'hospitalisme.*
2. G. Guex, *Les névroses d'abandon.*

recommencée, dialectique de la rigueur et de la complaisance, de la complicité et du refus, où peut se lire l'ambivalence radicale de l'objet désiré.

3) Liée aux premières activités érotiques, à l'affinement des réactions d'équilibre, et à la reconnaissance de soi dans le miroir, se constitue une expérience du « corps propre ». L'affectivité développe alors comme thème majeur l'affirmation ou la revendication de l'intégrité corporelle ; le narcissisme devient une structure de la sexualité, et le corps propre un objet sexuel privilégié. Toute rupture, dans ce circuit narcissique, perturbe un équilibre déjà difficile, comme en témoigne l'angoisse des enfants devant les fantaisies castratrices des menaces parentales. C'est dans ce désordre anxieux des expériences corporelles que se précipite le syndrome hystérique : dédoublement du corps, et constitution d'un *alter ego* où le sujet lit en miroir ses pensées, ses désirs et ses gestes dont ce double démoniaque le dépossède par avance ; morcellement hystérique qui soustrait à l'expérience globale du corps des éléments anesthésiés ou paralysés ; angoisse phobique devant des objets dont les menaces fantasmatiques visent pour le malade l'intégrité de son corps (Freud a ainsi analysé la phobie d'un garçon de 4 ans chez qui la peur des chevaux recouvrait la hantise de la castration)[1].

4) Enfin se fait le « choix objectal », au terme de cette première enfance : choix qui doit impliquer, avec une fixation hétérosexuelle, une identification au parent de même sexe. Mais à cette différenciation, et à l'assomption d'une sexualité normale s'opposent l'attitude des parents et l'ambivalence de l'affectivité infantile : elle est en effet,

1. FREUD, *Cinq psychanalyses* (p. 111).

à cette époque encore, fixée sur le mode d'une jalousie toute mêlée d'érotisme et d'agressivité, à une mère désirée qui se refuse ou du moins se partage ; et elle se décompose en anxiété devant un père dont la rivalité triomphante suscite, avec la haine, le désir amoureux d'identification. C'est le fameux complexe d'Œdipe, où Freud croyait lire l'énigme de l'homme et la clef de son destin ; où il faut sans doute trouver l'analyse la plus compréhensive des conflits vécus par l'enfant dans ses rapports avec ses parents, et le point de fixation de beaucoup de névroses.

En bref tout stade libidinal est une structure pathologique virtuelle. La névrose est une archéologie spontanée de la libido.

Janet reprend lui aussi le thème jacksonien, mais dans un horizon sociologique. La chute d'énergie psychologique qui caractérise la maladie rendrait impossibles les conduites complexes acquises au cours de l'évolution sociale, et découvrirait, comme une marée qui se retire, des comportements sociaux primitifs, ou même des réactions présociales.

Un psychasthénique ne parvient pas à croire à la réalité de ce qui l'entoure ; c'est une conduite, pour lui, « trop difficile ». Qu'est-ce qu'une conduite difficile ? Essentiellement une conduite dans laquelle une analyse verticale montre la superposition de plusieurs conduites simultanées. Tuer un gibier à la chasse est une conduite ; raconter, après coup, qu'on a tué un gibier, est une autre conduite. Mais au moment où l'on guette, où l'on tue, se raconter à soi-même que l'on tue, que l'on poursuit, que l'on guette, pour pouvoir en faire aux autres, par la suite, l'épopée ; avoir simultanément la conduite réelle de la chasse et la conduite virtuelle du récit, c'est là une opération double, beaucoup plus compliquée que chacune des deux autres, et qui n'est qu'en apparence la plus simple : c'est la conduite du présent, germe de toutes les conduites temporelles, où se superposent et s'imbriquent le geste actuel et la conscience que ce geste aura un avenir, c'est-à-dire que plus tard on pourra le raconter comme un événement passé. On peut donc mesurer la difficulté d'une action au nombre de conduites élémentaires qu'implique l'unité de son déroulement.

Prenons à son tour cette conduite du « récit aux autres », dont la virtualité fait partie des conduites du présent. Raconter, ou plus simplement parler, ou d'une façon plus élémentaire encore, jeter un ordre n'est pas non plus quelque chose de simple ; c'est d'abord se référer à un événement ou à un ordre de choses, ou à un monde auquel je n'ai pas accès moi-même, mais auquel autrui peut avoir accès à ma place ; il me faut donc reconnaître le point de vue d'autrui, et l'intégrer au mien ; il me faut donc doubler ma propre action (l'ordre lancé) d'une conduite virtuelle, celle d'autrui qui doit l'exécuter. Plus encore : lancer un ordre suppose toujours l'oreille qui le percevra, l'intelligence qui le comprendra, le corps qui l'exécutera ; dans l'action de commander est impliquée la virtualité d'être obéi. C'est dire que ces conduites apparemment si simples que sont l'attention au présent, le récit, la parole impliquent toutes une certaine dualité, qui est au fond la dualité de toutes les conduites sociales. Si donc le psychasthénique trouve si ardue l'attention au présent, c'est par les implications sociales qu'obscurément elle enferme ; sont devenues difficiles pour lui toutes ces actions qui ont un envers (regarder-être regardé, dans la présence ; parler-être parlé, dans le langage ; croire-être cru, dans le récit) parce que ce sont des conduites qui se déploient dans un horizon social. Il a fallu toute une évolution sociale pour que le dialogue devienne un mode de rapport interhumain ; il n'a été rendu possible que par le passage d'une société immobile dans sa hiérarchie du moment, qui n'autorise que le mot d'ordre, à une société où l'égalité des rapports permet et garantit l'échange virtuel, la fidélité au passé, l'engagement de l'avenir, la réciprocité des points de vue. C'est toute cette évolution sociale que remonte le malade incapable de dialogue.

Chaque maladie, selon sa gravité, abolit telle ou telle de ces conduites que la société dans son évolution avait rendues possibles, et elle lui substitue des formes archaïques de comportement :

1) Au dialogue, comme forme suprême de l'évolution du langage, fait place une sorte de monologue où le sujet se raconte à lui-même ce qu'il fait, ou bien dans lequel il mène, avec un interlocuteur imaginaire, un dialogue qu'il serait incapable de mener avec un partenaire réel, comme ce professeur psychasthénique qui ne pouvait faire sa conférence que devant sa glace. Il devient pour le malade trop « difficile » d'agir sous le regard d'autrui : c'est pourquoi tant de sujets, obsédés ou psychasthéniques, présentent, quand ils se sentent observés, des phénomènes de libération émotionnelle, comme les tics, les mimiques, les myoclonies de toutes sortes ;

2) En perdant cette virtualité ambiguë du dialogue, et en ne saisissant plus la parole que par cette face schématique qu'elle présente au sujet parlant, le malade perd la maîtrise de son univers symbolique ; et l'ensemble des mots, des signes, des rites, bref tout ce qu'il y a d'allusif et de référentiel dans le monde humain, cesse de s'intégrer dans un système d'équivalences significatives ; les paroles et les gestes ne sont plus ce domaine commun où se

rencontrent les intentions de soi et des autres, mais des significations existant d'elles-mêmes, d'une existence massive et inquiétante; le sourire n'est plus la réponse banale à un salut quotidien; il est un événement énigmatique que ne peut réduire aucune des équivalences symboliques de la politesse; sur l'horizon du malade il se détache alors comme le symbole d'on ne sait quel mystère, comme l'expression d'une ironie qui se tait et menace. L'univers de la persécution sourd de toutes parts;

3) Ce monde qui va du délire à l'hallucination semble relever tout entier d'une pathologie de la croyance, comme conduite interhumaine: le critère social de la vérité (« croire ce que les autres croient ») n'a plus de valeur pour le malade; et dans ce monde que l'absence d'autrui a privé de solidité objective, il fait entrer tout un univers de symboles, de fantasmes, de hantises; ce monde où s'est éteint le regard de l'autre devient poreux aux hallucinations et aux délires. Ainsi, dans ces phénomènes pathologiques, le malade est renvoyé à des formes archaïques de croyance, quand l'homme primitif ne trouvait pas, dans sa solidarité avec autrui, le critère de la vérité, quand il projetait ses désirs et ses craintes en fantasmagories qui tissaient avec le réel les écheveaux indissociables du rêve, de l'apparition, et du mythe.

*
* *

À l'horizon de toutes ces analyses, il y a, sans doute, des thèmes explicatifs qui se situent d'eux-mêmes aux frontières du mythe: le mythe, d'abord, d'une certaine substance psychologique (« libido », chez Freud, « force psychique », chez Janet), qui serait comme le matériau brut de l'évolution, et qui, progressant au cours du développement individuel et social, subirait comme une rechute, et retomberait, par le fait de la maladie, à son état antérieur; le mythe aussi d'une identité entre le malade, le primitif et l'enfant, mythe par lequel se rassure la conscience scandalisée devant la maladie mentale, et s'affermit la conscience enfermée dans ses préjugés culturels. De ces deux mythes, le premier, parce qu'il est scientifique, a vite abandonné (de Janet, on retient l'analyse des conduites, et non l'interprétation par la force psychologique ; les psychanalystes répugnent de plus en plus à la notion bio-psychologique de libido) ; l'autre, au contraire, parce qu'il est éthique, parce qu'il justifie plus qu'il explique, demeure encore vivant.

Pourtant, il n'y a guère de sens à restituer une identité entre la personnalité morbide du malade et celle, normale, de l'enfant ou du primitif. De deux choses l'une, en effet :

— Ou l'on admet à la rigueur l'interprétation de Jackson : « J'imaginerai que les centres cérébraux sont en quatre couches, A, B, C, D » ; la première forme de la folie, la plus bénigne, sera — A + B + C + D ; « la totalité de la personnalité est en fait + B + C + D ; le terme — A est donné seulement pour montrer en quoi la nouvelle personnalité diffère de la personnalité antérieure »[1] ; la régression pathologique n'est alors qu'une opération soustractive ; mais ce qui est soustrait dans cette arithmétique, c'est justement le terme ultime, qui promeut et achève la personnalité ; c'est-à-dire que « le reste » ne sera pas une personnalité antérieure, mais une personnalité abolie. Comment, de ce fait, identifier

1. C. Jackson, *Facteurs de la folie*, trad. franç., p. 30.

le sujet malade aux personnalités « antérieures » du primitif ou de l'enfant ?

— Ou bien on élargit le Jacksonisme en admettant une réorganisation de la personnalité ; la régression ne se contente pas de supprimer et de libérer, elle ordonne et met en place ; comme le disaient Monakow et Mourgue à propos de la dissolution neurologique : « La désintégration n'est pas l'inversion exacte de l'intégration... Il serait absurde de dire que l'hémiplégie est un retour au stade primitif de l'apprentissage de la locomotion... L'autorégulation joue ici, de sorte que la notion de désintégration pure n'existe pas. Ce processus idéal est masqué par la tendance créatrice de l'organisme sans cesse en action, à rétablir l'équilibre troublé. »[1] Il ne peut donc plus s'agir de personnalités archaïques ; il faut admettre la spécificité de la personnalité morbide ; la structure pathologique du psychisme n'est pas originaire ; elle est rigoureusement originale.

Il n'est pas question d'invalider les analyses de la régression pathologique, quand il faut seulement les affranchir des mythes dont Janet ni Freud n'ont su les décanter. Il serait vain, sans doute, de dire, dans une perspective explicative, que l'homme, devenant malade, redevient un enfant ; mais d'un point de vue descriptif, il est exact de dire que le malade manifeste, dans sa personnalité morbide, des conduites segmentaires, analogues à celles d'un âge antérieur ou d'une autre culture ; la maladie découvre et privilégie des conduites normalement intégrées. La régression ne doit donc être prise que comme un des aspects descriptifs de la maladie.

1. Monakow et Mourgue, *Introduction biologique à la neurologie* (p. 178).

Une description structurale de la maladie devrait donc, pour chaque syndrome, analyser les signes positifs et les signes négatifs, c'est-à-dire détailler les structures abolies et les structures dégagées. Ce ne serait pas expliquer les formes pathologiques, mais seulement les mettre dans une perspective qui rendrait cohérents et compréhensibles les faits de régression individuelle ou sociale relevés par Freud et par Janet. On peut ainsi résumer les grandes lignes d'une pareille description :

1) Le déséquilibre et les névroses ne sont que le premier degré de dissolution des fonctions psychiques ; l'atteinte ne porte que sur l'équilibre général de la personnalité psychologique, et cette rupture souvent momentanée ne libère que les complexes affectifs, les schèmes émotionnels inconscients, constitués au cours de l'évolution individuelle ;

2) Dans la paranoïa, le trouble général de l'humeur libère une structure passionnelle qui n'est que l'exagération des comportements coutumiers de la personnalité ; mais ni la lucidité, ni l'ordre, ni la cohésion du fond mental ne sont encore atteints ;

3) Mais avec les états oniroïdes, nous atteignons un niveau où les structures de la conscience sont déjà dissociées ; le contrôle perceptif et la cohérence du raisonnement ont disparu ; et dans cet émiettement de la sphère consciente, on voit s'infiltrer les structures du rêve, qui ne sont d'ordinaire libérées que dans le sommeil. Illusions, hallucinations, fausses reconnaissances manifestent à l'état vigile la désinhibition des formes de la conscience onirique ;

4) La dissociation accède, dans les états maniaques et mélancoliques, à la sphère instinctivo-affective ; la puérilité émotionnelle du maniaque, la perte, chez le mélanco-

lique, de la conscience du corps et des conduites de conservation, représentent le côté négatif. Quant aux formes positives de la maladie, elles apparaissent dans ces paroxysmes d'agitation motrice ou d'explosions émotionnelles où le mélancolique affirme son désespoir, le maniaque son agitation euphorique ;

5) Enfin, dans les états confusionnels et schizophréniques, la détérioration prend l'allure d'un déficit capacitaire ; dans un horizon où les repères spatiaux et temporels sont devenus trop imprécis pour permettre l'orientation, la pensée, en charpie, procède par fragments isolés, scande un monde vide et noir de « syncopes psychiques », ou s'enferme dans le silence d'un corps dont la motricité elle-même est verrouillée par la catatonie. Seuls, persisteront à émerger, comme signes positifs, les stéréotypies, les hallucinations, des schèmes verbaux cristallisés en syllabes incohérentes, et de brusques irruptions affectives traversant en météores l'inertie démentielle ;

6) Et c'est sur la démence que se ferme le cycle de cette dissolution pathologique, la démence où foisonnent tous les signes négatifs des déficits, et où la dissolution est devenue si profonde qu'elle n'a plus aucune instance à désinhiber ; il n'y a plus de personnalité, mais seulement un être vivant.

Mais une analyse de ce type ne saurait épuiser l'ensemble du fait pathologique. Elle est insuffisante, et à un double titre :

a) Elle néglige l'organisation des personnalités morbides dans lesquelles sont mises à jour les structures régressives ; aussi profonde que soit la dissolution (le seul cas de la démence mis à part), la personnalité ne peut jamais disparaître complètement ; ce que retrouve la régression de la personnalité, ce ne sont pas des éléments dispersés — car ils ne l'ont jamais été — ni des personnalités plus archaïques — car il n'y a pas de chemin de retour dans le développement de la personnalité, mais seulement dans la succession des conduites. Pour inférieures et simples qu'elles soient, il ne faut pas omettre les organisations par lesquelles un schizophrène structure son univers : le monde morcelé qu'il décrit est à la mesure de sa conscience dispersée, le temps sans avenir ni passé dans lequel il vit est le reflet de son incapacité à se projeter dans un futur, et à se reconnaître dans un passé ; mais ce chaos trouve son point de cohérence dans la structure personnelle du malade qui assure l'unité vécue de sa conscience et de son horizon. Aussi malade que peut être un malade, ce point de cohérence ne peut manquer d'exister. La science de la pathologie mentale ne peut être que la science de la personnalité malade.

b) L'analyse régressive décrit l'orientation de la maladie, sans en mettre à jour le point d'origine. Si elle n'était que régression, la maladie serait comme une virtualité déposée, en chaque individu, par le mouvement même de son évolution ; la folie ne serait qu'une éventualité, la rançon toujours exigible du développement humain. Mais que telle personne soit malade, et soit malade, à ce moment-ci, de cette maladie-ci, que ses obsessions aient tel thème, que son délire comporte telles revendications, ou que ses hallucinations s'extasient dans l'univers de telles formes visuelles, la notion abstraite de régression ne peut en rendre compte. Dans la perspective évolutionniste, la maladie n'a d'autre statut que celui de la virtualité générale. La causalité qui la rend nécessaire n'est pas encore dégagée, non plus que celle qui donne à chaque tableau clinique sa coloration singulière. Cette nécessité, et ses formes individuelles, ce n'est pas à une évolution toujours spécifique qu'il faut la demander; c'est à l'histoire personnelle du malade.

Il faut donc pousser l'analyse plus loin; et compléter cette dimension évolutive, virtuelle et structurale de la maladie, par l'analyse de cette dimension qui la rend nécessaire, significative et historique.

CHAPITRE III

LA MALADIE ET L'HISTOIRE INDIVIDUELLE

L'évolution psychologique intègre le passé au présent dans une unité sans conflit, dans cette unité ordonnée qu'on définit comme une hiérarchie de structures, dans cette unité solide que seule une régression pathologique peut compromettre; l'histoire psychologique, au contraire, ignore un pareil cumul de l'antérieur et de l'actuel; elle les situe l'un par rapport à l'autre en mettant entre eux cette distance qui autorise normalement tension, conflit, et contradiction. Dans l'évolution, c'est le passé qui promeut le présent et le rend possible; dans l'histoire, c'est le présent qui se détache du passé, lui confère un sens et le rend intelligible. Le devenir psychologique est à la fois évolution et histoire; le temps du psychisme doit s'analyser à la fois selon l'antérieur et l'actuel — c'est-à-dire en termes évolutifs — mais aussi selon le passé et le présent — c'est-à-dire en termes historiques. Lorsqu'à la fin du XIXe siècle, après Darwin et Spencer, on se fut émerveillé de découvrir, dans son devenir d'être vivant, la vérité de l'homme, on s'imagina qu'il était possible d'écrire l'histoire en termes d'évolution, ou encore de confondre l'une et l'autre au profit de la seconde : on trouverait d'ailleurs le même sophisme dans la sociologie de la même époque. L'erreur originaire de la psychanalyse, et après elle de la plupart des psychologies génétiques, est sans doute de n'avoir pas saisi ces deux dimensions irréductibles de l'évolution et de l'histoire dans l'unité du devenir psychologique[1]. Mais le coup de génie de Freud est d'avoir pu, assez tôt, dépasser cet horizon évolutionniste, défini par la notion de libido, pour accéder à la dimension historique du psychisme humain.

En fait, dans la psychologie analytique, il est toujours possible de faire le partage de ce qui revient à une psychologie de l'évolution (comme les *Trois essais sur la sexualité*) et ce qui ressortit à une psychologie de l'histoire individuelle (comme les *Cinq psychanalyses* et les textes qui s'y rattachent). Nous avons parlé plus haut de l'évolution des structures affectives telle qu'elle est détaillée par la tradition psychanalytique. Nous emprunterons maintenant à l'autre versant de la psychanalyse de quoi définir ce que peut être la maladie mentale quand on l'envisage dans la perspective de l'histoire individuelle[2].

* * *

Voici une observation que Freud cite dans l'*Introduction à la psychanalyse*[3] : une femme d'une cinquantaine d'années soupçonne son mari de la tromper avec

1. Dans *Ma vie et la psychanalyse*, FREUD cite l'influence de Darwin sur la première orientation de sa pensée.

2. Nous ne parlerons que brièvement de la théorie psychanalytique qui doit être exposée en son ensemble par Mme Boutonier dans un ouvrage de cette même collection.

3. *Introduction à la psychanalyse*, p. 270.

la jeune fille qu'il emploie comme secrétaire. Situation et sentiments d'une extrême banalité. Pourtant cette jalousie a des résonances singulières : elle a été suscitée par une lettre anonyme ; on en connaît l'auteur qui n'a agi que par vengeance ; et qui n'a allégué que des faits inexacts ; le sujet sait tout cela, reconnaît volontiers l'injustice de ses reproches à l'égard de son mari, parle spontanément de l'amour qu'il lui a toujours porté. Et cependant sa jalousie ne parvient pas à se dissiper ; plus les faits proclament la fidélité de son mari, plus ses soupçons se renforcent ; sa jalousie s'est cristallisée paradoxalement autour de la certitude de n'être pas trompée. Alors que la jalousie morbide sous sa forme classique de paranoïa est une conviction impénétrable qui va chercher sa justification dans les formes les plus extrêmes du raisonnement, on a, dans cette observation de Freud, l'exemple d'une jalousie impulsive qui se conteste sans cesse son bien-fondé, qui tente, à chaque instant, de se nier, et se vit sur le mode du remords ; c'est là un cas très curieux (et relativement rare) de jalousie obsessionnelle.

À l'analyse, il se révèle que cette femme est éprise de son gendre ; mais elle éprouve de tels sentiments de culpabilité, qu'elle ne peut supporter ce désir et qu'elle transfère sur son mari la faute d'aimer une personne beaucoup plus jeune que soi. Une investigation plus profonde montre d'ailleurs que cet attachement au gendre est lui-même ambivalent, et qu'il cache une hostilité jalouse, où l'objet de la rivalité est la fille de la malade : au cœur du phénomène morbide se trouve donc une fixation homosexuelle à la fille.

Métamorphoses, symbolismes, transformation des sentiments en leur contraire, travestissements des personnages, transfert de culpabilité, retournement d'un remords en accusation, c'est là tout un ensemble de processus qui se dénoncent comme des traits de la fabulation enfantine. On pourrait aisément rapprocher cette projection jalouse de la projection décrite par M. Wallon dans les *Origines du caractère*[1] : il cite d'après Elsa Köhler l'exemple d'une fillette de 3 ans qui gifle sa petite camarade, et, fondant en larmes, court auprès de sa gouvernante se faire consoler d'avoir été battue. Chez cet enfant, comme chez l'obsédée dont nous parlions, on retrouve les mêmes structures de conduite : l'indifférenciation de la conscience de soi empêche la distinction de l'agir et du pâtir (battre-être battu ; tromper-être trompé) ; l'ambivalence des sentiments permet, d'autre part, une sorte de réversibilité entre l'agression et la culpabilité. Dans un cas comme dans l'autre, on retrouve les mêmes traits d'archaïsme psychologique : fluidité des conduites affectives, labilité de la structure personnelle dans l'opposition moi-autrui. Mais il ne s'agit pas de confirmer une nouvelle fois l'aspect régressif de la maladie.

L'important ici c'est que cette régression a chez la malade de Freud un sens bien précis : il s'agit pour elle d'échapper à un sentiment de culpabilité ; elle échappe à son remords de trop aimer sa fille en se contraignant à aimer son gendre ; et elle échappe à la culpabilité que fait naître ce nouvel attachement, en reportant sur son mari, par une sorte de projection en miroir, un amour parallèle au sien. Les procédés enfantins de métamorphose du réel ont donc une utilité : ils constituent une fuite, une manière à bon marché d'agir sur le réel, un mode mythique de transformation de soi-même et des

1. *Les origines du caractère chez l'enfant*, p. 217.

autres. La régression n'est pas une chute naturelle dans le passé ; elle est une fuite intentionnelle hors du présent. Plutôt un recours qu'un retour. Mais on ne peut échapper au présent qu'en mettant autre chose à sa place ; et le passé qui affleure dans les conduites pathologiques n'est pas le sol originaire auquel on revient comme à une patrie perdue, c'est le passé factice et imaginaire des substitutions.

— Tantôt une substitution des formes de comportement : les conduites adultes, développées et adaptées, s'effacent devant des conduites infantiles, simples et inadaptées. Comme chez la fameuse malade de Janet : à l'idée que son père peut tomber malade, elle manifeste les formes paroxystiques de l'émotion enfantine (cris, explosion motrice, chute), parce qu'elle refuse la conduite adaptée qui serait d'envisager de le soigner, de prévoir les moyens d'une lente guérison, d'organiser pour elle-même une existence de garde-malade ;

— Tantôt une substitution des objets eux-mêmes : aux formes vivantes de la réalité, le sujet substitue les thèmes imaginaires de ses premiers fantasmes ; et le monde semble s'ouvrir aux objets archaïques, les personnages réels s'effacer devant les fantômes parentaux ; comme chez ces phobiques qui se heurtent, au seuil de chaque conduite, aux mêmes frayeurs menaçantes ; le personnage mutilateur du père, ou la mère captative se profile sous l'image stéréotypée de l'animal terrifiant, derrière le fond diffus d'angoisse qui submerge la conscience.

Tout ce jeu de transformations et de répétitions manifeste que, chez les malades, le passé n'est invoqué que pour se substituer à la situation actuelle ; et qu'il n'est réalisé que dans la mesure où il s'agit d'irréaliser le présent.

*
* *

Mais quel profit peut-il y avoir à répéter une crise d'angoisse ? Quel sens y a-t-il à retrouver les fantasmes terrifiants de la vie enfantine, à substituer les troubles majeurs d'une affectivité encore mal réglée aux formes actuelles d'activité ? Pourquoi fuir le présent, si c'est pour retrouver des types de comportement inadaptés ?

Inertie pathologique des conduites ? Manifestation d'un principe de répétition que Freud extrapole dans la réalité biologique d'un paradoxal « instinct de mort », qui tend à l'immobile, à l'identique, au monotone, à l'inorganique, comme l'instinct de vie tend à la mobilité toujours nouvelles des hiérarchies organiques ? C'est là, sans doute, donner aux faits un nom qui, en les unissant, récuse toute forme d'explication. Mais il y a dans le travail de Freud et de la psychanalyse de quoi expliquer cette irréalisation du présent autrement que par la répétition pure et simple du passé.

Freud lui-même a eu l'occasion d'analyser un symptôme en formation. Il s'agissait d'un petit garçon de 4 ans, le petit Hans[1], qui avait une peur phobique des chevaux. Peur ambiguë, puisqu'il cherchait toutes les occasions d'en voir et qu'il courait à la fenêtre dès qu'il entendait une voiture ; mais, terrorisé, il poussait des cris de frayeur dès qu'il apercevait le cheval qu'il était venu voir. Peur paradoxale, en outre, puisqu'il craignait à la fois que le cheval ne le morde, et que l'animal, en tombant, ne se tue. Désirait-il, ou non voir des chevaux ?

1. *Cinq psychanalyses.*

Craignait-il pour lui, ou pour eux ? Tout à la fois, sans doute. L'analyse montre l'enfant au point nodal de toutes les situations œdipiennes : son père s'est volontairement attaché à prévenir, chez lui, une fixation trop forte à la mère ; mais l'attachement à la mère n'en a été que plus violent, exaspéré de plus par la naissance d'une sœur cadette ; si bien que son père a toujours été pour le petit Hans un obstacle entre sa mère et lui. C'est à ce moment que se forme le syndrome. La symbolique la plus élémentaire du matériel onirique permet de deviner, dans l'image du cheval, un substitut de l' « imago » paternelle ; et dans l'ambiguïté des frayeurs de l'enfant, il est facile de reconnaître le désir de la mort du père. Le symptôme morbide est, d'une façon immédiate, satisfaction d'un désir ; cette mort qu'il n'a pas conscience de désirer pour son père, l'enfant la vit sur le mode imaginaire de la mort d'un cheval.

Mais ce symbolisme, et c'est là le point important, n'est pas seulement l'expression mythique et figurée de la réalité ; il joue un rôle fonctionnel par rapport à cette réalité. Sans doute, la peur d'être mordu par le cheval est une expression de la crainte d'une castration : elle symbolise l'interdiction paternelle de toutes les activités sexuelles. Mais cette peur d'être blessé est doublée de la hantise que le cheval pourrait lui-même tomber, se blesser et mourir : comme si l'enfant se défendait de sa propre peur, par le désir de voir son père mourir, et tomber ainsi l'obstacle qui le sépare de sa mère. Or ce désir meurtrier n'apparaît pas immédiatement comme tel dans le fantasme phobique : il n'y est présent que sous la forme déguisée d'une peur ; l'enfant redoute autant la mort du cheval que sa propre blessure. Il se défend contre son désir de mort et il en repousse la culpabilité, en le vivant sur le mode d'une peur équivalente de la peur qu'il éprouve pour lui-même ; il craint pour son père ce qu'il craint pour soi ; mais son père n'a à craindre que ce qu'il craint de désirer contre lui. On voit donc que la valeur expressive du syndrome n'est pas immédiate, mais qu'elle se constitue à travers une série de mécanismes de défense. Deux de ces mécanismes ont joué dans ce cas de phobie : le premier a transformé la peur pour soi-même en désir meurtrier contre celui qui suscite la peur ; le second a transformé ce désir en peur de le voir se réaliser.

À partir de cet exemple, on peut donc dire que le profit trouvé par le malade à irréaliser son présent dans sa maladie a pour origine le besoin de se défendre contre ce présent. La maladie a pour contenu l'ensemble des réactions de fuite et de défense par lesquelles le malade répond à la situation dans laquelle il se trouve ; et c'est à partir de ce présent, de cette situation actuelle qu'il faut comprendre et donner sens aux régressions évolutives qui se font jour dans les conduites pathologiques ; la régression n'est pas seulement une virtualité de l'évolution, elle est une conséquence de l'histoire.

Cette notion de défense psychologique est capitale. C'est autour d'elle qu'a pivoté toute la psychanalyse. Investigation de l'inconscient, recherches des traumatismes infantiles, libération d'une libido supposée derrière tous les phénomènes de la vie affective, mises à jour des pulsions mythiques comme l'instinct de mort, la psychanalyse n'a été que tout cela pendant longtemps ; mais elle tend de plus en plus à porter sa recherche vers les mécanismes de défense, et à admettre finalement que le sujet ne reproduit son histoire que parce qu'il répond à une situation présente. Mme Anna Freud a fait un inventaire de ces mécanismes de défense[1] : outre la sublimation, considérée comme une conduite normale, elle trouve 9 procédés par lesquels le malade se défend, et qui définissent par leurs combinaisons les différents types de névrose : le refoulement, la régression, la formation réactionnelle, l'isolement, l'annulation rétroactive, la projection, l'introjection, le retournement contre soi, la transformation en son contraire.

— L'hystérique use surtout de refoulement ; il soustrait au conscient toutes les représentations sexuelles ; il rompt par mesure de protection la continuité psychologique, et dans ces « syncopes psychiques » apparaissent l'inconscience, l'oubli, l'indifférence qui constituent l'apparente « belle humeur » de l'hystérique ; il brise aussi l'unité du corps pour en effacer tous les symboles et tous les substituts de la sexualité : d'où les anesthésies et les paralysies pithiatiques ;

— Au contraire l'obsessionnel se défend surtout par « l'isolement » ; il sépare l'émoi conflictuel de son contexte ; il lui donne des symboles et des expressions sans rapport apparent avec son contenu réel ; et les forces en conflit font surgir brusquement des conduites pulsionnelles, rigides et absurdes, au milieu d'un comportement adapté : témoin cette malade de Freud[2], qui sans savoir pourquoi, sans qu'elle pût se justifier elle-même par aucun sentiment de précaution ou d'avarice, ne pouvait s'empêcher de noter tous les numéros des billets de banque qui lui passaient entre les mains. Mais cette conduite, absurde dans son isolement, avait un sens si on la replaçait dans son contexte affectif : elle faisait écho au désir

1. Anna FREUD, *Le moi et les mécanismes de défense*, p. 39.
2. *Introduction à la psychanalyse*, p. 286.

que la malade avait éprouvé de s'assurer de l'amour d'un homme en lui confiant comme gage une pièce de monnaie ; mais toutes les pièces de monnaie se ressemblent... ; si, du moins, elle avait pu lui donner un billet que l'on pût reconnaître à son numéro... Et elle s'était défendu contre cet amour qu'elle jugeait coupable en isolant la conduite de ses justifications sentimentales ;

— Délirant, à la fois persécuté et persécuteur, dénonçant dans le cœur des autres ses propres désirs et ses propres haines, aimant ce qu'il veut détruire, s'identifiant à ce qu'il hait, le paranoïaque se caractérise surtout par des mécanismes de projection, d'introjection et de retournement. C'est Freud, le premier[1], qui a montré dans la jalousie paranoïaque l'ensemble de ces processus. Quand le paranoïaque reproche à son partenaire de le tromper, lorsqu'il systématise autour de cette infidélité tout un ensemble d'interprétations, il ne fait pas autre chose que de reprocher à l'autre ce qu'il se reproche à lui-même ; s'il accuse sa maîtresse de le tromper avec un ami, c'est que lui-même éprouve précisément ce désir ; et il se défend contre ce désir homosexuel en le transformant en rapport hétérosexuel, et en le projetant sur l'autre, sous la forme d'un reproche d'infidélité. Mais par une projection symétrique, qui a, elle aussi, le sens d'une justification et d'une catharsis, il accusera de désir homosexuel celui-là même qu'il désire, et par un retournement de l'affect, il se vantera d'une haine mythique que justifient à ses yeux les assiduités de son rival. Ce n'est pas moi qui te trompe, c'est toi qui me trahis ; ce n'est pas moi qui l'aime, c'est lui qui me désire et me poursuit ; de l'amour, je n'en ai pas pour lui, mais seulement de la

1. *Cinq psychanalyses* : « Le Président Schreber », p. 301.

haine : tels sont les mécanismes par lesquels un paranoïaque, se défendant contre son homosexualité, constitue un délire de jalousie.

L'itération pathologique du passé a donc maintenant un sens ; ce n'est pas la pesanteur d'un « instinct de mort » qui l'impose ; la régression fait partie de ces mécanismes de défense ou plutôt elle est le recours aux ensembles de protection déjà établis. La forme itérative du pathologique n'est que seconde par rapport à sa signification défensive.

* * *

Le problème nodal demeure : contre quoi se défend le malade lorsque, enfant, il instaure des formes de protection qu'il remettra à jour dans les répétitions névrotiques de sa vie adulte. Quel est ce danger permanent qui, apparu à l'aurore de sa vie psychologique, se profilera constamment sur son univers, menace aux mille visages d'un péril demeuré identique ?

Là encore l'analyse d'un symptôme peut nous servir de fil directeur. Une petite fille d'une dizaine d'années commet un larcin [1] : elle s'empare d'un bâton de chocolat sous les yeux de la vendeuse qui la réprimande et menace de raconter l'histoire à la mère de la fillette. Vol que sa forme impulsive et inadaptée dénonce aussitôt comme névrotique. L'histoire du sujet montre clairement que ce symptôme est au point de convergence de deux conduites : le désir de reprendre une affection maternelle qui lui est refusée, et dont le symbole est, ici, comme bien souvent, l'objet alimentaire ; et d'autre part, l'ensemble des réactions de culpabilité qui suivent l'effort

1. A. Freud, *Le traitement psychanalytique des enfants*.

agressif pour capter cette affection. Entre ces deux conduites, le symptôme va apparaître comme un compromis ; l'enfant donnera libre cours à ses besoins d'affection en commettant le larcin, mais il libérera ses tendances à la culpabilité, en le commettant de telle manière qu'il soit surpris. Le comportement de vol maladroit se révèle comme une adresse de la conduite ; sa grossièreté est une ruse : compromis entre deux tendances contradictoires, il est une manière de dominer un conflit. Le mécanisme pathologique est donc protection contre un conflit, défense en face de la contradiction qu'il suscite.

Mais tout conflit ne provoque pas une réaction morbide et la tension qu'il fait naître n'est pas forcément pathologique ; elle est même probablement la trame de toute vie psychologique. Le conflit que révèle le compromis névrotique n'est pas simplement contradiction externe dans la situation objective ; mais contradiction immanente, où les termes se mêlent de telle manière que le compromis, loin d'être une solution, est en dernier ressort un approfondissement du conflit. Quand un enfant vole pour récupérer une affection perdue, et calme ses scrupules en se faisant surprendre, il est clair que le résultat de son geste, en amenant la punition désirée, lui retirera, plus encore, l'affection qu'il regrette, augmentera chez lui les désirs captatifs que son vol symbolise, et satisfait un instant, majorera par conséquent les sentiments de culpabilité. Expérience de frustration et réaction de culpabilité sont ainsi liées, non pas comme deux formes de conduite divergentes qui se partagent le comportement, mais comme l'unité contradictoire qui définit la double polarité d'une seule et même conduite. La contradiction pathologique n'est pas le conflit normal : celui-ci déchire de l'extérieur la vie affective du sujet ; il suscite chez lui des conduites opposées, il le fait osciller ; il provoque des actions, puis fait naître le remords ; il peut exalter la contradiction jusqu'à l'incohérence. Mais l'incohérence normale est, en toute rigueur, différente de l'absurdité pathologique. Celle-ci est animée de l'intérieur par la contradiction ; la cohérence du jaloux pour convaincre sa femme d'infidélité est parfaite ; parfaite aussi la cohérence de l'obsédé dans les précautions qu'il prend. Mais cette cohérence est absurde parce qu'elle approfondit, en se développant, la contradiction qu'elle tente de surmonter ; quand une malade de Freud écarte de sa chambre, dans un souci obsessionnel, toutes les pendules et toutes les montres dont le tic-tac pourrait troubler son sommeil, elle se défend à la fois contre ses désirs sexuels et elle les satisfait mythiquement : elle écarte d'elle tous les symboles de la sexualité, mais aussi de la régularité physiologique que pourrait troubler la maternité qu'elle désire : en même temps qu'elle satisfait ses désirs sur le mode magique, elle accroît réellement ses sentiments de culpabilité[1]. Là où l'individu normal fait l'expérience de la contradiction, le malade fait une expérience contradictoire ; l'expérience de l'un s'ouvre sur la contradiction, celle de l'autre se ferme sur elle. En d'autres termes : conflit normal, ou ambiguïté de la situation ; conflit pathologique, ou ambivalence de l'expérience[2].

Tout comme la peur est réaction au danger extérieur, l'angoisse est la dimension affective de cette contradiction interne. Désorganisation totale de la vie affective, elle est l'expression majeure de l'ambivalence, la forme dans

1. *Introduction à la psychanalyse*, p. 287.

2. C'est cette unité contradictoire de la conduite et de la vie affective que l'on appelle depuis Bleuler « ambivalence ».

laquelle elle s'achève, puisqu'elle est l'expérience vertigineuse de la contradiction simultanée, l'épreuve d'un même désir de vie et de mort, d'amour et de haine, l'apothéose sensible de la contradiction psychologique : angoisse de l'enfant qui découvre par la morsure que l'érotisme de l'absorption est chargé d'agressivité destructrice, angoisse encore du mélancolique qui, pour arracher à la mort l'objet aimé, s'identifie à lui, devient ce qu'il a été, mais finit par s'éprouver lui-même dans la mort de l'autre, et ne peut retenir l'autre dans sa propre vie qu'en le rejoignant dans la mort. Avec l'angoisse nous sommes au cœur des significations pathologiques. Sous tous les mécanismes de protection qui singularisent la maladie, se révèle l'angoisse et chaque type de maladie définit une manière spécifique d'y réagir : l'hystérique refoule son angoisse et l'oblitère en l'incarnant dans un symptôme corporel ; l'obsédé ritualise, autour d'un symbole, des conduites qui lui permettent de satisfaire les deux côtés de son ambivalence ; quant au paranoïaque, il se justifie mythiquement en attribuant aux autres par projection tous les sentiments qui portent en eux leur propre contradiction ; il répartit sur autrui les éléments de son ambivalence, et masque son angoisse sous les formes de son agressivité. C'est l'angoisse aussi, comme épreuve psychologique de la contradiction intérieure, qui sert de dénominateur commun et qui donne une signification unique au devenir psychologique d'un individu : elle a été éprouvée pour la première fois dans les contradictions de la vie enfantine et dans l'ambivalence qu'elles suscitent ; et sous sa poussée latente, les mécanismes de défense se sont érigés, répétant tout au cours d'une vie leurs rites, leurs précautions, leurs manœuvres rigides dès que l'angoisse menace de réapparaître.

On peut donc dire, en un sens, que c'est par l'angoisse que l'évolution psychologique se transforme en histoire individuelle ; c'est l'angoisse, en effet, qui en unissant le passé et le présent les situe l'un par rapport à l'autre et leur confère une communauté de sens ; la conduite pathologique nous avait semblé avoir paradoxalement un contenu archaïque et une insertion significative dans le présent ; c'est que le présent, sur le point de susciter l'ambivalence et l'angoisse, provoque le jeu de la protection névrotique ; mais cette angoisse menaçante, et les mécanismes qui l'écartent ont été depuis longtemps fixés dans l'histoire du sujet. La maladie se déroule alors dans le style d'un cercle vicieux : le malade se protège par ses actuels mécanismes de défense contre un passé dont la présence secrète fait sourdre l'angoisse ; mais d'un autre côté, contre l'éventualité d'une angoisse actuelle, le sujet se protège en faisant appel à des protections jadis instaurées au cours de situations analogues. Le malade se défend-il avec son présent contre son passé, ou se protège-t-il de son présent avec l'aide d'une histoire révolue ? Il faut dire, sans doute, que c'est dans ce cercle que réside l'essence des conduites pathologiques ; si le malade est malade, c'est dans la mesure où le lien du présent au passé ne se fait pas dans le style d'une intégration progressive. Certes, tout individu a éprouvé de l'angoisse et érigé des conduites de défense ; mais le malade vit son angoisse et ses mécanismes de défense dans une circularité qui le fait se défendre contre l'angoisse par les mécanismes qui lui sont liés historiquement, qui, de ce fait, l'exaltent le plus, et menacent sans cesse de la remettre à jour. Par opposition à l'histoire de l'individu normal, cette monotonie circulaire est le trait de l'histoire pathologique.

* * *

La psychologie de l'évolution, qui décrit les symptômes comme des conduites archaïques, doit donc être complétée par une psychologie de la genèse qui décrit, dans une histoire, le sens actuel de ces régressions. Il faut trouver un style de cohérence psychologique qui autorise la compréhension des phénomènes morbides sans prendre pour modèle de référence des stades décrits à la manière de phases biologiques. Il faut trouver le nœud des significations psychologiques à partir duquel, historiquement, s'ordonnent les conduites morbides.

Or, ce point vers lequel convergent les significations, nous venons de le voir, c'est l'angoisse. L'histoire psychologique du malade se constitue comme un ensemble de conduites significatives, qui érigent des mécanismes de défense contre l'ambivalence des contradictions affectives. Mais, dans l'histoire psychologique, le statut de l'angoisse est ambigu : c'est elle que l'on retrouve sous la trame de tous les épisodes pathologiques d'un sujet ; elle les hante sans cesse ; mais c'est parce qu'elle était déjà là que ces épisodes se sont succédé, comme autant de tentatives pour lui échapper ; si elle les accompagne, c'est qu'elle les a précédés. Pourquoi tel individu ne rencontre, dans une situation, qu'un conflit surmontable, et tel autre une contradiction dans laquelle il s'enferme sur le mode pathologique ? Pourquoi la même ambiguïté œdipienne sera-t-elle dépassée par l'un, alors qu'elle déclenchera, chez l'autre, la longue suite des mécanismes pathologiques ? C'est là une forme de nécessité que l'histoire individuelle dévoile comme un problème, mais ne parvient pas à justifier. Pour qu'une contradiction soit vécue sur le mode anxieux de l'ambivalence, pour qu'à propos d'un conflit, un sujet s'enferme dans la circularité des mécanismes pathologiques de défense, il a fallu que l'angoisse soit déjà présente, qui a transformé l'ambiguïté d'une situation en ambivalence des réactions. Si l'angoisse remplit l'histoire d'un individu, c'est parce qu'elle est son principe et son fondement ; d'entrée de jeu, elle définit un certain style d'expérience qui marque les traumatismes, les mécanismes psychologiques qu'ils déclenchent, les formes de répétition qu'ils affectent au cours des épisodes pathologiques : elle est comme un *a priori* d'existence.

L'analyse de l'évolution situait la maladie comme une virtualité ; l'histoire individuelle permet de l'envisager comme un fait du devenir psychologique. Mais il faut maintenant la comprendre dans sa nécessité existentielle.

Chapitre IV

LA MALADIE ET L'EXISTENCE

L'analyse des mécanismes de la maladie laisse en présence d'une réalité qui les dépasse, et qui les constitue dans leur nature pathologique ; aussi loin qu'elle est poussée, elle invite à voir dans l'angoisse l'élément morbide ultime, et comme le cœur de la maladie. Mais pour la comprendre un nouveau style d'analyse s'impose : forme d'expérience qui déborde ses propres manifestations, l'angoisse ne peut jamais se laisser réduire par une analyse de type naturaliste ; ancrée au cœur de l'histoire individuelle, pour lui donner, sous ses péripéties, une signification unique, elle ne peut, non plus, être épuisée par une analyse de type historique ; mais l'histoire et la nature de l'homme ne peuvent être comprises que par référence à elle.

Il faut maintenant se placer au centre de cette expérience ; c'est seulement en la comprenant de l'intérieur qu'il sera possible de mettre en place dans l'univers morbide les structures naturelles constituées par l'évolution, et les mécanismes individuels cristallisés par l'histoire psychologique. Méthode qui ne doit rien emprunter aux « Naturwissenschaften », à leurs analyses discursives, à leur causalité mécaniste ; méthode qui ne devra jamais tourner, non plus, à l'histoire biographique, avec sa description des enchaînements successifs et son déterminisme en séries. Méthode qui doit au contraire saisir les ensembles comme des totalités dont les éléments ne peuvent pas être dissociés, si dispersés qu'ils soient dans l'histoire. Il ne suffit plus de dire que la peur de l'enfant est la cause des phobies chez l'adolescent, mais il faut retrouver, sous cette peur originaire et sous ces symptômes morbides, le même style d'angoisse qui leur donne leur unité significative. La logique discursive n'a que faire ici : elle s'embrouille dans les écheveaux du délire et s'épuise à suivre les raisonnements du paranoïaque. L'intuition va plus vite et plus loin, quand elle parvient à restituer l'expérience fondamentale qui domine tous les processus pathologiques (par exemple, dans le cas de la paranoïa, la radicale altération du rapport vivant avec autrui). En même temps qu'elle déploie sous un seul regard les totalités essentielles, l'intuition réduit, jusqu'à l'exténuer, cette distance dont est faite toute connaissance objective ; l'analyse naturaliste envisage le malade avec l'éloignement d'un objet naturel ; la réflexion historique le garde dans cette altérité qui permet d'expliquer, mais rarement de comprendre. L'intuition, bondissant à l'intérieur de la conscience morbide, cherche à voir le monde pathologique avec les yeux du malade lui-même : la vérité qu'elle cherche n'est pas de l'ordre de l'objectivité, mais de l'intersubjectivité.

Dans la mesure où comprendre veut dire à la fois rassembler, saisir d'emblée, et pénétrer, cette nouvelle réflexion sur la maladie est avant tout « compréhension » : c'est à cette méthode que s'est exercée la psychologie phénoménologique.

Mais est-il possible de tout comprendre ? Le propre de la maladie mentale, par opposition au comportement normal, n'est-il pas justement de pouvoir être expliquée, mais de résister à toute compréhension. La jalousie n'est-elle pas normale quand nous en comprenons même les exagérations, et n'est-elle pas morbide lorsque « nous ne comprenons plus » ses réactions même les plus élémentaires ? Il revient à Jaspers [1] d'avoir montré que la compréhension peut s'étendre bien au-delà des frontières du normal et que la compréhension intersubjective peut atteindre le monde pathologique dans son essence.

Sans doute, il est des formes morbides qui sont encore, et demeureront opaques à la compréhension phénoménologique. Ce sont les dérivés directs des processus dont le mouvement même est inconnu à la conscience normale, comme les irruptions dans la conscience d'images provoquées par des intoxications, comme ces « météores psychiques » qui ne peuvent s'expliquer que par une rupture du tempo de la conscience, par ce que Jaspers appelle une « ataxie psychique » ; enfin ce sont ces impressions qui semblent empruntées à une matière sensible totalement étrangère à notre sphère : sentiment d'une influence qui pénètre jusqu'à l'intérieur de la pensée, impression d'être traversé par des champs de forces à la fois matérielles et mystérieusement invisibles, expérience d'une transformation aberrante du corps.

Mais en deçà de ces limites lointaines de la compréhension à partir desquelles s'ouvre le monde étranger et mort, pour nous, de l'insensé, l'univers morbide demeure pénétrable. Et par cette compréhension, il s'agit de restituer

1. K. JASPERS, *Psychopathologie générale.*

à la fois l'expérience que le malade a de sa maladie (la manière dont il se vit comme individu malade, ou anormal, ou souffrant), et l'univers morbide sur lequel s'ouvre cette conscience de maladie, le monde qu'elle vise et qu'en même temps elle constitue. Compréhension de la conscience malade, et reconstitution de son univers pathologique, telles sont les deux tâches d'une phénoménologie de la maladie mentale.

* * *

La conscience que le malade a de sa maladie est rigoureusement originale. Rien n'est plus faux sans doute que le mythe de la folie, maladie qui s'ignore ; l'éloignement qui sépare la conscience du médecin de celle du malade n'est pas mesurée par la distance qui sépare le savoir de la maladie et son ignorance. Le médecin n'est pas du côté de la santé qui détient tout savoir sur la maladie ; et le malade n'est pas du côté de la maladie qui ignore toute chose sur elle-même, jusqu'à sa propre existence. Le malade reconnaît son anomalie et il lui donne, pour le moins, le sens d'une irréductible différence qui le sépare de la conscience et de l'univers des autres. Mais, le malade aussi lucide qu'il soit, n'a pas sur son mal la perspective du médecin ; il ne prend jamais cette distance spéculative qui lui permettrait de saisir la maladie comme un processus objectif se déroulant en lui, sans lui ; la conscience de la maladie est prise à l'intérieur de la maladie ; elle est ancrée en elle, et, au moment où elle la perçoit, elle l'exprime. La manière dont un sujet accepte ou refuse sa maladie, la manière dont il l'interprète et dont il donne signification à ses formes les plus absurdes, tout cela constitue une des dimensions essentielles de la maladie.

Ni effondrement inconscient à l'intérieur du processus morbide, ni conscience lucide, désinsérée et objective de ce processus, mais reconnaissance allusive, perception diffuse d'un décor morbide sur le fond duquel se détachent les thèmes pathologiques, tel est ce mode de conscience ambigu, dont la réflexion phénoménologique doit analyser les variations[1].

1) La maladie peut être perçue avec un statut d'objectivité qui la place à une distance maxima de la conscience malade. Dans son effort pour l'enrayer et ne pas se reconnaître en elle, le malade lui confère le sens d'un processus accidentel et organique. C'est aux limites de son corps que le malade maintient sa maladie : omettant ou niant toute altération de l'expérience psychologique, il ne donne d'importance et finalement il ne perçoit et ne thématise que les contenus organiques de son expérience. Loin de cacher sa maladie, il l'étale, mais seulement dans ses formes physiologiques ; et dans l'objectivité que le malade confère à ses symptômes, le médecin a raison de voir la manifestation de troubles subjectifs. C'est cette prééminence des processus organiques dans le champ de conscience du malade et dans la manière dont il appréhende sa maladie qui constitue la gamme des signes hystériques (paralysies ou anesthésies psychogènes), des symptômes psycho-somatiques, ou enfin des soucis hypocondriaques que l'on rencontre si souvent dans la psychasthénie ou certaines formes de schizophrénie. Autant que des éléments de la maladie, ces formes organiques ou pseudo-organiques sont, pour le sujet, des modes d'appréhension de sa maladie.

1. C'est dans cette perspective que WYRSCH a étudié la schizophrénie *(Die Persan des Schizophrenen)*.

2) Dans la majeure partie des troubles obsessionnels, dans beaucoup de paranoïas et dans certaines schizophrénies, le malade reconnaît que le processus morbide fait corps avec sa personnalité. Mais d'une manière paradoxale : il retrouve dans son histoire, dans ses conflits avec son entourage, dans les contradictions de sa situation actuelle, les prémices de sa maladie ; il en décrit la genèse ; mais, en même temps, il voit dans le début de sa maladie l'explosion d'une existence nouvelle qui altère profondément le sens de sa vie, au risque de la menacer. Témoins ces jaloux qui justifient leur méfiance, leurs interprétations, leurs systématisations délirantes par une genèse minutieuse de leurs soupçons et qui semblent diluer leurs symptômes tout au long de leur existence ; mais ils reconnaissent que depuis telle aventure ou tel ressaut de leur passion, leur existence est tout à fait transformée, que leur vie est empoisonnée et qu'ils ne peuvent plus la supporter. Ils voient dans leur jalousie morbide la vérité la plus profonde de leur existence et aussi le malheur le plus radical. Ils la normalisent en la référant à toute leur vie antérieure ; mais ils s'en détachent en l'isolant comme un bouleversement brutal. Ils appréhendent leur maladie comme un destin ; elle n'achève leur vie qu'en la brisant.

3) Cette unité paradoxale ne peut pas toujours être maintenue : les éléments morbides se détachent alors de leur contexte normal, et, se refermant sur eux-mêmes, constituent un monde autonome. Monde qui a pour le malade bien des signes de l'objectivité : il est promu et hanté par des forces extérieures que leur mystère fait échapper à toute investigation ; il s'impose à l'évidence, il résiste à l'effort. Les hallucinations qui l'emplissent lui donnent la richesse sensible du réel ; le délire qui en

unit les éléments lui assure une cohérence quasi rationnelle. Mais la conscience de la maladie ne s'efface pas dans cette quasi-objectivité ; elle demeure présente, au moins de manière marginale ; ce monde d'éléments hallucinatoires et de délires cristallisés ne fait que se juxtaposer au monde réel. Le malade ne confond jamais la voix de son médecin et les voix hallucinatoires de ses persécuteurs, quand bien même son médecin n'est pour lui qu'un persécuteur. Le délire le plus consistant n'apparaît tout au plus au malade qu'aussi réel que le réel lui-même ; et dans ce jeu des deux réalités, dans cette ambiguïté théâtrale, la conscience de maladie se révèle comme conscience d'une autre réalité.

Cette opposition au monde réel, ou plutôt l'irréductible juxtaposition de ces deux mondes réels, le malade est prêt à la reconnaître : un halluciné demande à son interlocuteur s'il n'entend pas, comme lui, les voix qui le poursuivent ; il le somme de se rendre à cette évidence sensible ; mais si on lui oppose une négation ou une ignorance massive des faits qu'il invoque, il s'en accommode assez bien, et déclare que, dans ces conditions, il est seul à les entendre. Cette singularité de l'expérience n'invalide pas pour lui la certitude qui l'accompagne ; mais il reconnaît, en l'acceptant, en l'affirmant même, le caractère étrange, et douloureusement singulier de son univers ; en admettant deux mondes, en s'adaptant au premier comme au second, il manifeste à l'arrière-plan de sa conduite, une conscience spécifique de sa maladie.

4) Enfin, dans les formes ultimes de la schizophrénie et dans les états de démence, le malade est englouti dans le monde de sa maladie. Il saisit pourtant l'univers qu'il a quitté comme une réalité lointaine et voilée. Dans ce paysage crépusculaire, où les expériences les plus réelles

— les événements, les paroles entendues, l'entourage — prennent une allure fantomatique, il semble que le malade conserve encore un sentiment océanique de sa maladie. Submergé par l'univers morbide, il a conscience de l'être ; et, autant qu'on peut le supposer d'après le récit des malades guéris, l'impression demeure toujours présente à la conscience du sujet, que la réalité n'est saisie que travestie, caricaturée, et métamorphosée, au sens strict du terme, sur le mode du rêve. Mme Séchehaye, qui a soigné et guéri une jeune schizophrène, a recueilli les impressions que sa malade avait éprouvées au cours de son épisode pathologique : « On aurait dit, raconte-t-elle, que ma perception du monde me faisait sentir d'une manière plus aiguë la bizarrerie des choses. Dans le silence et l'immensité, chaque objet se découpait au couteau, détaché dans le vide, dans l'illimité, séparé des autres objets. À force d'être lui seul, sans lien avec l'entourage, il se mettait à exister… Je me sentais rejetée du monde, en dehors de la vie, spectatrice d'un film chaotique qui se déroulait sans cesse devant mes yeux, et auquel je ne parvenais pas à participer. » Et un peu plus loin, elle ajoute : « Les gens réapparaissent comme dans un rêve ; je ne parviens plus à distinguer leur caractère particulier. »[1] La conscience de maladie n'est plus alors qu'une immense souffrance morale devant un monde reconnu comme tel par référence implicite à une réalité devenue inaccessible.

La maladie mentale, quels que soient ses formes, et les degrés d'obnubilation qu'elle comporte, implique toujours une conscience de maladie ; l'univers morbide n'est jamais un absolu où s'aboliraient toutes les références au

1. SÉCHEHAYE, *Journal d'une schizophrène*, p. 50 et p. 56.

normal ; au contraire, la conscience malade se déploie toujours avec, pour elle-même, une double référence, soit au normal et au pathologique, soit au familier et à l'étrange, soit encore au singulier et à l'universel, soit enfin à la veille et à l'onirisme.

*
* *

Mais cette conscience malade ne se résume pas dans la conscience qu'elle prend de sa maladie ; elle s'adresse aussi à un monde pathologique, dont il faudrait maintenant étudier les structures, en complétant ainsi l'analyse noétique par l'analyse noématique.

1) M. Minkowski a étudié les perturbations dans les formes temporelles du monde morbide. Il a analysé, en particulier, un cas de délire paranoïde, dans lequel le malade se sent menacé de catastrophes qu'aucune précaution ne peut conjurer : à chaque instant l'imminence se renouvelle, et le fait que le malheur appréhendé ne se soit jamais produit ne peut pas prouver qu'il ne se produira pas durant les instants suivants. Or la catastrophe dont il se sent menacé est de périr écrasé par tout ce qui dans le monde est résidu, cadavre, détritus, déchets. Entre ce contenu du délire et le thème anxieux de l'imminence catastrophique, il est aisé de voir un rapport significatif : la hantise des « restes » manifeste, chez le sujet, une incapacité à concevoir comment une chose peut disparaître, comment ce qui n'est plus peut ne pas demeurer encore. L'accumulation du passé ne peut plus, pour lui, se liquider ; et, corrélativement, le passé et le présent ne parviennent pas à anticiper sur l'avenir ; aucune sécurité acquise ne peut garantir contre les menaces qu'il contient ; dans le futur, tout est absurdement possible.

Dans leur entrelacement délirant, ces deux thèmes révèlent ainsi une perturbation majeure dans la temporalité ; le temps ne se projette plus ni ne s'écoule ; le passé s'amoncelle ; et le seul avenir qui s'ouvre ne peut contenir comme promesse, que l'écrasement du présent par la masse sans cesse appesantie du passé [1].

Chaque trouble comporte ainsi une altération spécifique du temps vécu. Binswanger, par exemple, a défini, dans *Ideenflucht*, la perturbation temporelle de l'existence maniaque : le temps y est, par fragmentation, rendu momentané ; et, sans ouverture sur le passé et l'avenir, il tourbillonne sur lui-même, procédant tantôt par bonds, tantôt par répétitions. C'est sur le fond de la temporalité ainsi perturbée que doit se comprendre la « fuite des idées », avec son alternance caractéristique de répétitions thématiques, et d'associations bondissantes et illogiques. Le temps du schizophrène est, lui aussi, saccadé, mais il est brisé par l'imminence du Soudain et du Terrifiant, auquel le malade n'échappe que par le mythe d'une éternité vide ; la temporalité du schizophrène se partage ainsi entre le temps morcelé de l'angoisse et l'éternité, sans forme ni contenu, du délire [2].

2) L'espace, comme structure du monde vécu, peut prêter aux mêmes analyses.

Parfois les distances s'effondrent, comme chez ces délirants qui reconnaissent ici des personnes qu'ils savent ailleurs, ou ces hallucinés qui entendent leurs voix, non pas dans l'espace objectif où on situe les sources sonores, mais dans un espace mythique, dans une sorte de quasi-

1. MINKOWSKI, *Le temps vécu.*
2. BINSWANGER, Der Fall Jurg Zund, *Schweizer Archiv f. Neur.*, 1946.

espace où les axes de référence sont fluides et mobiles : ils entendent ici, près d'eux, tout autour d'eux, en eux, les voix des persécuteurs, qu'ils situent en même temps, par-delà les murs, bien au-delà de la ville et des frontières. À l'espace transparent où chaque objet a sa place géographique, et où les perspectives s'articulent, se substitue un espace opaque où les objets se mêlent, se rapprochent et s'éloignent dans une mobilité immédiate, se déplacent sans mouvement et fusionnent finalement dans un horizon sans perspective ; comme le dit M. Minkowski, « l'espace clair » s'estompe dans « l'espace obscur », celui de la peur et de la nuit, ou plutôt ils se mêlent dans l'univers morbide, au lieu de se répartir, comme ils le font dans le monde normal[1].

Dans d'autres cas, l'espace devient insulaire et rigide. Les objets perdent cet indice d'insertion qui marque aussi la possibilité de les utiliser ; ils s'offrent dans une plénitude singulière qui les détache de leur contexte, et ils s'affirment dans leur isolement, sans lien réel ni virtuel avec les autres objets ; les rapports instrumentaux ont disparu. M. Roland Kuhn a étudié dans ce sens les délires de « limites » chez certains schizophrènes : l'importance donnée aux limites, aux frontières, aux murs, à tout ce qui clôt, enferme et protège est fonction de l'absence d'unité interne dans la disposition des choses ; c'est dans la mesure où celles-ci ne « tiennent pas » ensemble qu'il faut les protéger de l'extérieur et les maintenir dans une unité qui ne leur est pas naturelle. Les objets ont perdu leur cohésion et l'espace, sa cohérence ; comme chez ce malade qui dessinait sans cesse le plan d'une ville fantastique dont les fortifications infinies ne protégeaient qu'un

1. MINKOWSKI, *Le temps vécu*.

agglomérat d'édifices sans significations. Le sens de l'« ustensilité » a disparu de l'espace ; le monde des « Zuhandenen », comme dirait Heidegger, n'est plus, pour le malade, qu'un monde des « Vorhandenen ».

3) Il n'y a pas que le milieu spatio-temporel, l'« Umwelt » qui soit, dans ses structures existentielles, perturbé par la maladie mais aussi la « Mitwelt », l'univers social et culturel. Autrui cesse d'être, pour la malade le partenaire d'un dialogue et le coopérateur d'une tâche ; il ne se présente plus à lui sur le fond des implications sociales, il perd sa réalité de « socius », et devient, dans cet univers dépeuplé, l'Étranger. C'est à cette altération radicale que se réfère le syndrome si fréquent de la « déréalisation symbolique d'autrui » : sentiment d'étrangeté devant le langage, le système d'expression, le corps d'autrui ; difficulté d'accéder jusqu'à la certitude de l'existence de l'autre ; lourdeur et éloignement d'un univers interhumain où les choses exprimées se figent, où les significations ont l'indifférence massive des choses, et où les symboles prennent la gravité des énigmes : c'est le monde rigide du psychasthénique et de la plupart des schizophrènes. La malade de Mme Séchehaye décrit ainsi l'un de ses premiers sentiments d'irréalité : « Je me trouvais au Patronage ; je vis subitement la salle devenir immense, comme éclairée d'une lumière terrible... Les élèves et les maîtresses semblaient des marionnettes qui évoluaient sans raison, sans but... J'écoutais les conversations, mais je ne saisissais pas les paroles. Les voix me semblaient métalliques, sans timbre et sans chaleur. De temps à autre, un mot se détachait de l'ensemble. Il se répétait dans mon cerveau, comme découpé au couteau, absurde. » L'enfant a peur, la monitrice intervient, la rassure : « Elle me sourit gentiment... Mais son sourire au lieu de me

rassurer, augmente encore mon angoisse et mon désarroi ; car j'aperçus ses dents qu'elle avait blanches et régulières. Ces dents brillaient sous l'éclat de la lumière, et, bientôt quoique toujours semblables à elles-mêmes, elles occupèrent toute ma vision, comme si toute la salle n'était que dents, sous une lumière implacable. »[1]

Et à l'autre pôle de la pathologie, il y a le monde infiniment fluide du délire hallucinatoire : tumulte toujours recommencé des pseudo-reconnaissances, où chacun des autres n'est pas un autre, mais l'Autre majeur, sans cesse rencontré, sans cesse chassé et retrouvé ; présence unique aux mille visages de l'homme abhorré qui trompe et qui tue, de la femme dévorante qui trame la grande conjuration de la mort. Chaque visage, étrange ou familier, n'est qu'un masque, chaque propos, clair ou obscur, ne cache qu'un sens : le masque du persécuteur et le sens de la persécution.

Masques de la psychasthénie, masques du délire hallucinatoire : c'est dans la monotonie des premiers que commence à se perdre la variété des visages humains ; c'est sous les profils innombrables des seconds que se retrouve, unique, stable, et chargée d'un sens implacable, l'expérience délirante de l'halluciné.

4) Enfin, la maladie peut atteindre l'homme dans la sphère individuelle où se déploie l'expérience de son corps propre. Le corps cesse alors d'être ce centre de référence autour duquel les chemins du monde ouvrent leurs possibilités. En même temps la présence du corps à l'horizon de la conscience s'altère. Parfois, elle s'épaissit jusqu'à devenir lourdeur et immobilité d'une chose ; elle vire à une objectivité dans laquelle la conscience ne peut

1. *Journal d'une schizophrène*, p. 6 et 7.

plus reconnaître *son* corps ; le sujet ne s'éprouve plus que comme cadavre ou comme machine inerte, dont toutes les impulsions émanent d'une extériorité mystérieuse. Voici ce que déclarait une malade, observée par M. Minkowski : « Un jour sur deux, mon corps est dur comme du bois. Aujourd'hui, mon corps est épais comme ce mur ; hier à tout moment, j'avais l'impression que mon corps c'était de l'eau noire, plus noire que cette cheminée... Tout est noir en moi, d'un noir mousseux, comme sale... Mes dents sont d'une épaisseur, comme la paroi d'un tiroir... On dirait que mon corps est épais, collé et glissant comme ce parquet. »[1]

Parfois aussi la conscience pleine du corps, avec sa spatialité et cette densité où s'insèrent les expériences proprioceptives, finit par s'exténuer jusqu'à n'être plus que conscience d'une vie incorporelle, et croyance délirante en une existence immortelle ; le monde du corps propre, l'« Eigenwelt », semble vidé de son contenu, et cette vie qui n'est plus que conscience d'immortalité s'épuise dans une mort lente qu'elle prépare par le refus de tout aliment, de tout soin corporel, de toute préoccupation matérielle. Binswanger a observé une malade, Ellen West, chez qui on peut retrouver cette perturbation de l'Eigenwelt, et chez qui l'on voit en même temps se dénouer les formes d'insertion dans le monde. Elle ne reconnaît plus ce mode d'existence qui, à l'intérieur du monde, s'oriente et se meut selon les chemins virtuels qui sont tracés dans l'espace ; elle ne sait plus être « d'aplomb sur terre » ; elle est prise entre le désir de voler, de planer dans une jubilation éthérée, et la hantise d'être captive d'une terre bourbeuse qui l'oppresse et la paralyse.

1. *In* AJURIAGUERRA et HECAEN, *Les hallucinations corporelles.*

Entre la mobilité joyeusement instantanée, et l'angoisse qui enlise, l'espace solide et ferme du mouvement corporel a disparu ; le monde est devenu « silencieux, glacial et mort » ; la malade rêve son corps, comme une fluidité gracile et éthérée, que son inconsistance libère de toute matérialité. C'est sur ce fond que se manifeste la psychose et que se détachent les symptômes (peur de grossir, anorexie, indifférence affective) qui la mèneront par une évolution morbide de plus de treize ans, jusqu'au suicide [1].

*
* *

On pourrait être tenté de réduire ces analyses à des analyses historiques, et de se demander si ce que nous appelons l'univers du malade n'est pas seulement une coupe arbitraire sur son histoire, ou, tout au moins l'état ultime dans lequel culmine son devenir. En fait, si Rudolf, un malade de Roland Kuhn, est resté pendant de longues heures auprès du cadavre de sa mère, alors qu'il n'était encore qu'un petit enfant, et qu'il ignorait la signification de la mort, ce n'est pas là la cause de sa maladie ; ces longs contacts avec un cadavre n'ont pu entrer en communauté de sens avec une nécrophilie ultérieure et finalement une tentative d'assassinat, que dans la mesure où s'est constitué un monde où la mort, le cadavre, le corps rigide et froid, le regard glauque avaient un statut et un sens ; il a fallu que ce monde de la mort et de la nuit ait une place privilégiée en face du monde du jour et de la vie, et que le passage de l'un à l'autre, qui avait jadis provoqué chez lui tant d'émerveillement et d'angoisses, le fascine encore au point qu'il

1. BINSWANGER, Der Fall Ellen West, *Archiv. Schw. f. Neur.*, 1943.

veuille le forcer par le contact avec des cadavres et par l'assassinat d'une femme[1]. Le monde morbide n'est pas expliqué par la causalité historique (j'entends celle de l'histoire psychologique), mais celle-ci n'est possible que parce que ce monde existe : c'est lui qui promeut le lien de l'effet et de la cause, de l'antérieur et de l'ultérieur.

Mais il faudrait s'interroger sur cette notion de « monde morbide » et sur ce qui le distingue de l'univers constitué par l'homme normal. Sans doute, l'analyse phénoménologique refuse une distinction *a priori* du normal et du pathologique : « La validité des descriptions phénoménologiques n'est pas limitée par un jugement sur le normal et l'anormal. »[2] Mais le morbide se manifeste au cours de l'investigation, comme caractère fondamental de cet univers. C'est, en effet un monde que ses formes imaginaires, voire oniriques, son opacité à toutes les perspectives de l'intersubjectivité, dénoncent comme un « monde privé », comme un ἴδιον κόσμον ; et Binswanger rappelle à propos de la folie, le mot d'Héraclite à propos du sommeil : « Ceux qui sont éveillés ont un monde unique et commun (ἕνα καὶ κοινὸν κόσμον) ; celui qui dort se tourne vers son propre monde (εἰς ἴδιον ἀποστρεφε σθαὶ). »[3] Mais cette existence morbide est marquée en même temps par un style très particulier d'abandon au monde : en perdant les significations de l'univers, en en perdant la temporalité fondamentale, le sujet aliène cette existence dans le monde où éclate sa liberté ; ne pouvant en détenir le sens, il s'abandonne aux événements ; dans

1. R. Kuhn, Mordversuch eines depressiven Fetichisten, *Monatschrift für Psychiatrie*, 1948.

2. R. Kuhn, *ibid.*

3. Binswanger, Traum und Existenz, *Neue Schweizer Runschau*, 1930.

ce temps morcelé et sans avenir, dans cet espace sans cohérence, on voit la marque d'un effondrement qui livre le sujet au monde comme à un destin extérieur. Le processus pathologique est, comme dit Binswanger, une « Verweltlichung ». Dans cette unité contradictoire d'un monde privé et d'un abandon à l'inauthenticité du monde, est le nœud de la maladie. Ou, pour employer un autre vocabulaire, la maladie est à la fois retrait dans la pire des subjectivités, et chute dans la pire des objectivités.

Mais c'est peut-être toucher là un des paradoxes de la maladie mentale qui contraignent à de nouvelles formes d'analyse : si cette subjectivité de l'insensé est, en même temps, vocation et abandon au monde, n'est-ce pas au monde lui-même qu'il faut demander le secret de son énigmatique statut ? N'y a-t-il pas dans la maladie tout un noyau de significations qui relève du domaine où elle est apparue — et tout d'abord ce simple fait qu'elle y est cernée comme maladie ?

DEUXIÈME PARTIE

FOLIE ET CULTURE

INTRODUCTION

Les analyses précédentes ont fixé les coordonnées par lesquelles les psychologies peuvent situer le fait pathologique. Mais si elles ont montré les formes d'apparition de la maladie, elles n'ont pas pu en démontrer les conditions d'apparition. L'erreur serait de croire que l'évolution organique, l'histoire psychologique, ou la situation de l'homme dans le monde puissent révéler ces conditions. Sans doute, c'est en elles que la maladie se manifeste, c'est en elles que se dévoilent ses modalités, ses formes d'expression, son style. Mais c'est ailleurs que la déviation pathologique a, comme telle, ses racines.

Boutroux disait, dans son vocabulaire, que les lois psychologiques, même les plus générales, sont relatives à une « phase de l'humanité ». Un fait est devenu, depuis longtemps, le lieu commun de la sociologie et de la pathologie mentale : la maladie n'a sa réalité et sa valeur de maladie qu'à l'intérieur d'une culture qui la reconnaît comme telle. La malade de Janet qui avait des visions et qui présentait des stigmates, eût été, sous d'autres cieux, une mystique visionnaire et thaumaturge. L'obsédé qui se meut dans l'univers contagieux des sympathies, semble, dans ses gestes propitiatoires, retrouver les pratiques du magicien primitif: les rites par lesquels il circonvient l'objet de son obsession prennent un sens, pour nous, morbide dans cette croyance au tabou dont le primitif veut, normalement, se concilier la puissance équivoque, et s'assurer la complicité dangereusement favorable.

Toutefois, cette relativité du fait morbide n'est pas immédiatement claire. Durkheim pensait en rendre compte par une conception à la fois évolutionniste et statistique : on considérerait comme pathologiques dans une société les phénomènes qui, en s'écartant de la moyenne, marquent les étapes dépassées d'une évolution antérieure, ou annoncent les phases prochaines d'un développement qui s'amorce à peine. « Si l'on convient de nommer type moyen l'être schématique que l'on constituerait en rassemblant en un même tout, en une sorte d'universalité abstraite les caractères les plus fréquents de l'espèce..., on pourra dire que tout écart à cet étalon de la santé est un phénomène morbide » ; et il complète ce point de vue statistique, en ajoutant : « Un fait social ne peut être dit normal pour une société déterminée que par rapport à une phase également déterminée de son développement » *(Règles de la méthode sociologique)*. Malgré des implications anthropologiques très différentes, la conception des psychologues américains n'est pas éloignée de la perspective durkheimienne. Chaque culture, selon Ruth Benedict[1], élirait certaines des virtualités qui forment la constellation anthropologique de l'homme : telle culture, celle des Kwakiutl par exemple, prend pour thème l'exaltation du moi individuel, tandis

1. *Échantillons de civilisation.*

que celle des Zuni l'exclut radicalement ; l'agression est une conduite privilégiée à Dobu, réprimée chez les Pueblos. Dès lors chaque culture se fera de la maladie une image dont le profil est dessiné par l'ensemble des virtualités anthropologiques qu'elle néglige ou qu'elle réprime. Lowie, étudiant les Indiens Crow, cite l'un d'eux qui possédait une connaissance exceptionnelle des formes culturelles de sa tribu ; mais il était incapable d'affronter un danger physique ; et dans cette forme de culture qui n'offre de possibilité et ne donne de valeur qu'aux seules conduites agressives, ses vertus intellectuelles le faisaient prendre pour un irresponsable, un incompétent et finalement un malade. « Tout comme sont favorisés », dit Benedict, « ceux dont les réflexes naturels sont les plus proches de ce comportement qui caractérise leur société, se trouvent désorientés ceux dont les réflexes naturels tombent dans cet arc de comportement qui n'existe pas dans leur civilisation ». La conception de Durkheim et celle des psychologues américains ont ceci de commun que la maladie y est envisagée sous un aspect à la fois négatif et virtuel. Négatif, puisque la maladie est définie par rapport à une moyenne, à une norme, à un « pattern », et que, dans cet écart, réside toute l'essence du pathologique : la maladie serait marginale par nature, et relative à une culture dans la seule mesure où elle est une conduite qui ne s'y intègre pas. Virtuel, puisque le contenu de la maladie est défini par les possibilités, en elles-mêmes non morbides, qui s'y manifestent : pour Durkheim, c'est la virtualité statistique d'un écart à la moyenne, pour Benedict, la virtualité anthropologique de l'essence humaine ; dans les deux analyses, la maladie prend place parmi les virtualités qui servent de marge à la réalité culturelle d'un groupe social.

C'est manquer, sans doute, ce qu'il y a de positif et de réel dans la maladie, telle qu'elle se présente dans une société. Il y a, en effet des maladies qui sont reconnues comme telles, et qui ont, à l'intérieur d'un groupe, statut et fonction ; le pathologique n'est plus alors, par rapport au type culturel, un simple déviant ; il est un des éléments et l'une des manifestations de ce type. Laissons de côté le cas célèbre des Berdaches, chez les Dakota d'Amérique du Nord ; ces homosexuels ont un statut religieux de prêtres et de magiciens, un rôle économique d'artisans et d'éleveurs, liés à la particularité de leur conduite sexuelle. Mais rien n'indique qu'il y ait à leur sujet, dans leur groupe, une conscience claire de maladie. Au contraire, on trouve cette conscience liée à des institutions sociales bien précises. Voici, d'après Callaway, comment on devient shaman, chez les Zoulous : « au début », celui qui est en train de devenir shaman « est d'apparence robuste, mais avec le temps il devient de plus en plus délicat... ; il ne cesse de se plaindre d'avoir mal... Il rêve de toutes sortes de choses et son corps est boueux... Il a des convulsions qui cessent pour un temps quand on l'a aspergé d'eau. Au premier manque d'égards il verse des larmes, ensuite il pleure bruyamment. Un homme sur le point de devenir devin est une grande cause de troubles ». Il serait donc faux de dire que les conduites caractéristiques du shaman sont des virtualités reconnues et validées chez les Zoulous, qualifiées au contraire d'hypocondrie, ou d'hystérie chez les Européens. Non seulement la conscience de maladie n'est pas exclusive, ici, du rôle social, mais encore elle l'appelle. La maladie, reconnue comme telle, se voit conférer un statut par le groupe qui la dénonce. On en trouverait aussi d'autres exemples dans le rôle joué, il n'y a pas si longtemps

même si subalterne

encore, dans nos sociétés, par l'idiot de village et par les épileptiques.

Si Durkheim et les psychologues américains ont fait de la déviation et de l'écart la nature même de la maladie, c'est, sans doute, par une illusion culturelle qui leur est commune : notre société ne veut pas se reconnaître dans ce malade qu'elle chasse ou qu'elle enferme ; au moment même où elle diagnostique la maladie, elle exclut le malade. Les analyses de nos psychologues et de nos sociologues, qui font du malade un déviant et qui cherchent l'origine du morbide dans l'anormal, sont donc avant tout, une projection de thèmes culturels. En réalité, une société s'exprime positivement dans les maladies mentales que manifestent ses membres ; et ceci, quel que soit le statut qu'elle donne à ces formes morbides : qu'elle les place au centre de sa vie religieuse comme c'est souvent le cas chez les primitifs, ou qu'elle cherche à les expatrier en les situant à l'extérieur de la vie sociale, comme le fait notre culture.

Deux questions se posent alors : comment notre culture en est-elle venue à donner à la maladie le sens de la déviation, et au malade un statut qui l'exclut ? Et comment, malgré cela, notre société s'exprime-t-elle dans ces formes morbides où elle refuse de se reconnaître ?

CHAPITRE V

LA CONSTITUTION HISTORIQUE DE LA MALADIE MENTALE

C'est à une date relativement récente que l'Occident a accordé à la folie un statut de maladie mentale.

On a dit, on a trop dit que le fou avait été considéré jusqu'à l'avènement d'une médecine positive comme un « possédé ». Et toutes les histoires de la psychiatrie jusqu'à ce jour ont voulu montrer dans le fou du Moyen Âge et de la Renaissance un malade ignoré, pris à l'intérieur du réseau serré de significations religieuses et magiques. Il aurait donc fallu attendre l'objectivité d'un regard médical serein et enfin scientifique pour découvrir la détérioration de la nature là où on ne déchiffrait que des perversions surnaturelles. Interprétation qui repose sur une erreur de fait : que les fous étaient considérés comme des possédés ; sur un préjugé inexact : que les gens définis comme possédés étaient des malades mentaux ; enfin, sur une faute de raisonnement : on déduit que si les possédés étaient à la vérité des fous, les fous étaient traités réellement comme des possédés. En fait, le complexe problème de la possession ne relève pas directement d'une histoire de la folie, mais d'une histoire des idées religieuses. À deux reprises, avant le XIXe siècle, la médecine a interféré avec le problème de la possession : une première fois de J. Weyer à Duncan (de 1560 à 1640), et ceci à l'appel des Parlements, des gouvernements ou même de la hiérarchie catholique, contre certains ordres monastiques qui poursuivaient les pratiques de l'Inquisition ; les médecins ont alors été chargés de montrer que tous les pactes et rites diaboliques pouvaient être expliqués par les pouvoirs d'une imagination déréglée ; une seconde fois, entre 1680 et 1740, à l'appel de l'Église catholique tout entière et du gouvernement contre l'explosion de mysticisme protestant et janséniste, déclenchée par les persécutions de la fin du règne de Louis XIV ; les médecins ont alors été convoqués par les autorités ecclésiastiques pour montrer que tous les phénomènes de l'extase, de l'inspiration, du prophétisme, de la possession par l'Esprit-Saint n'étaient dus (chez les hérétiques bien sûr) qu'aux mouvements violents des humeurs ou des esprits. L'annexion de tous ces phénomènes religieux ou parareligieux par la médecine n'est donc qu'un épisode latéral par rapport au grand travail qui a défini la maladie mentale ; et surtout, elle n'est pas issue d'un effort essentiel au développement de la médecine ; c'est l'expérience religieuse elle-même qui, pour se départager, a fait appel, et d'une manière seconde, à la confirmation et à la critique médicales. Il était du destin de cette histoire qu'une pareille critique fût, après coup, appliquée par la médecine à tous les phénomènes religieux, et retournée, aux dépens de l'Église catholique qui l'avait pourtant sollicitée, contre l'expérience chrétienne tout entière : pour montrer à la fois, et d'une manière paradoxale, que la religion relève des pouvoirs fantastiques de la névrose, et que ceux que la religion a condamnés étaient victimes, à la fois, de leur religion et de leur névrose. Mais ce retournement ne date que du XIXe siècle, c'est-à-dire d'une époque où la définition de la maladie mentale en style positiviste était déjà acquise.

En fait, avant le XIXe siècle, l'expérience de la folie dans le monde occidental était très polymorphe ; et sa confiscation à notre époque dans le concept de « maladie » ne doit pas nous faire illusion sur son exubérance originaire. Sans doute, depuis la médecine grecque, une certaine part dans le domaine de la folie était déjà occupée par les notions de la pathologie et les pratiques qui s'y rattachent. Il y a eu, en Occident, et de tout temps, des cures médicales de la folie et les hôpitaux du Moyen Âge comportaient pour la plupart, comme l'Hôtel-Dieu de Paris, des lits réservés aux fous (souvent des lits fermés, des sortes de grandes cages pour maintenir les furieux). Mais ce n'était là qu'un secteur restreint, limité aux formes de la folie qu'on jugeait curables (« frénésies », épisodes de violence, ou accès « mélancoliques »). Tout autour, la folie avait une grande extension, mais sans support médical.

Cette extension, toutefois, ne relève pas de mesures stables ; elle varie avec les époques, au moins pour ses dimensions visibles ; tantôt, elle reste implicite et comme à fleur d'eau, ou, au contraire, elle fait surface, émerge largement et s'intègre sans difficulté à tout le paysage culturel. La fin du XVe siècle est certainement une de ces époques où la folie renoue avec les pouvoirs essentiels du langage. Les dernières manifestations de l'âge gothique ont été, tour à tour et dans un mouvement continu, dominées par la hantise de la mort et par la hantise de la folie. À la *Danse macabre* figurée au cimetière des Innocents, au *Triomphe de la mort* chanté sur les murs du Campo Santo de Pise, font suite les innombrables danses et fêtes des Fous que l'Europe célébrera si volontiers tout au long de la Renaissance. Il y a les réjouissances populaires autour des spectacles donnés par les « associations de fous », comme le *Navire bleu*, en Flandre ; il y a toute une iconographie qui va de *La nef des fous* de Bosch, à Breughel et à *Margot la Folle* ; il y a aussi les textes savants, les ouvrages de philosophie ou de critique morale, comme la *Stultifera Navis* de Brant ou l'*Éloge de la folie* d'Érasme. Il y aura, enfin, toute la littérature de folie : les scènes de démence dans le théâtre élizabéthain et dans le théâtre français préclassique font partie de l'architecture dramatique, comme les songes et, un peu plus tard, les scènes d'aveu : elles conduisent le drame de l'illusion à la vérité, de la fausse solution au vrai dénouement. Elles sont un des ressorts essentiels de ce théâtre baroque, comme des romans qui lui sont contemporains : les grandes aventures des récits de chevalerie deviennent volontiers les extravagances d'esprits qui ne maîtrisent plus leurs chimères. Shakespeare et Cervantès à la fin de la Renaissance témoignent des grands prestiges de cette folie dont Brant et Jérôme Bosch, cent ans plus tôt, avaient annoncé le prochain règne.

Ce n'est pas dire que la Renaissance n'a pas soigné les fous. Au contraire, c'est au XVe siècle qu'on voit s'ouvrir en Espagne d'abord (à Saragosse), puis en Italie, les premières grandes maisons réservées aux fous. On les y soumet à un traitement pour une grande part sans doute inspiré de la médecine arabe. Mais ces pratiques sont localisées. La folie est pour l'essentiel éprouvée à l'état libre ; elle circule, elle fait partie du décor et du langage communs, elle est pour chacun une expérience quotidienne qu'on cherche plus à exalter qu'à maîtriser. Il y a en France, au début du XVIIe siècle, des fous célèbres dont le public, et le public cultivé, aime à s'amuser ; certains comme Bluet d'Arbères écrivent des livres qu'on publie et qu'on lit comme œuvres de folie. Jusqu'aux environs de 1650, la culture occidentale a été étrangement hospitalière à ces formes d'expérience.

* * *

Au milieu du XVIIe siècle, brusque changement ; le monde de la folie va devenir le monde de l'exclusion.

On crée (et ceci dans toute l'Europe) de grandes maisons d'internement qui ne sont pas simplement destinées à recevoir les fous, mais toute une série d'individus fort différents les uns des autres, du moins selon nos critères de perception : on enferme les pauvres invalides, les vieillards dans la misère, les mendiants, les chômeurs opiniâtres, les vénériens, des libertins de toutes sortes, des gens à qui leur famille ou le pouvoir royal veulent éviter un châtiment public, des pères de famille dissipateurs, des ecclésiastiques en rupture de ban, bref tous ceux qui, par rapport à l'ordre de la raison, de la morale et de la société, donnent des signes de « dérangement ». C'est dans cet esprit que le gouvernement ouvre, à Paris, l'Hôpital général, avec Bicêtre et la Salpêtrière ; un peu auparavant saint Vincent de Paul avait fait de l'ancienne léproserie de Saint-Lazare une prison de ce genre, et bientôt Charenton, d'abord hôpital, s'alignera sur le modèle de ces nouvelles institutions. En France, chaque grande ville aura son Hôpital général.

Ces maisons n'ont aucune vocation médicale ; on n'y est pas admis pour y être soigné ; mais on y entre parce qu'on ne peut plus ou parce qu'on ne doit plus faire partie de la société. L'internement dans lequel le fou, avec bien d'autres, se trouve pris à l'époque classique ne met pas en question les rapports de la folie à la maladie, mais les rapports de la société avec elle-même, avec ce qu'elle reconnaît et ne reconnaît pas dans la conduite des individus. L'internement sans doute est une mesure d'assistance ; les nombreuses fondations dont il bénéficie en sont la preuve. Mais c'est un système dont l'idéal serait d'être entièrement clos sur lui-même : à l'Hôpital général, comme dans les Workhouses, en Angleterre, qui en sont à peu près contemporaines, règne le travail forcé ; on file, on tisse, on fabrique des objets divers qui sont jetés à bas prix sur le marché pour que le bénéfice permette à l'hôpital de fonctionner. Mais l'obligation du travail a aussi un rôle de sanctions et de contrôle moral. C'est que, dans le monde bourgeois en train de se constituer, un vice majeur, le péché par excellence dans le monde du commerce, vient d'être défini ; ce n'est plus l'orgueil ni l'avidité comme au Moyen Âge ; c'est l'oisiveté. La catégorie commune qui groupe tous ceux qui résident dans les maisons d'internement, c'est l'incapacité où ils se trouvent de prendre part à la production, à la circulation ou à l'accumulation des richesses (que ce soit par leur faute ou par accident). L'exclusion dont on les frappe est à la mesure de cette incapacité et elle indique l'apparition dans le monde moderne d'une césure qui n'existait pas auparavant. L'internement a donc été lié dans ses origines et dans son sens primordial à cette restructuration de l'espace social.

Ce phénomène a été doublement important pour la constitution de l'expérience contemporaine de la folie. D'abord, parce que la folie, si longtemps manifeste et bavarde, si longtemps présente à l'horizon, disparaît. Elle entre dans un temps de silence dont elle ne sortira pas de longtemps ; elle est dépouillée de son langage ; et si on a pu continuer à parler sur elle, il lui sera impossible de parler elle-même à propos d'elle-même. Impossible, du moins jusqu'à Freud qui, le premier, a rouvert la possibilité pour la raison et la déraison de communiquer dans le péril d'un langage commun, toujours prêt à se rompre et à se dénouer dans l'inaccessible. D'autre part, la folie, dans l'internement, a noué de nouvelles et d'étranges parentés. Cet espace d'exclusion qui groupait, avec les fous, les vénériens, les libertins et bien des criminels majeurs ou mineurs a provoqué une sorte d'assimilation obscure ; et la folie a noué avec les culpabilités morales et sociales un cousinage qu'elle n'est peut-être pas près de rompre. Ne nous étonnons pas qu'on ait depuis le XVIIIe siècle découvert comme une filiation entre la folie et tous les « crimes de l'amour », que la folie soit devenue, à partir du XIXe siècle, l'héritière des crimes qui trouvent, en elle, à la fois leur raison d'être, et leur raison de n'être pas des crimes ; que la folie ait découvert au XXe siècle, au centre d'elle-même, un primitif noyau de culpabilité et d'agression. Tout cela n'est pas la découverte progressive de ce qu'est la folie dans sa vérité de nature ; mais seulement la sédimentation de ce que l'histoire d'Occident a fait d'elle depuis trois cents ans. La folie est bien plus *historique* qu'on ne croit d'ordinaire, mais bien plus *jeune* aussi.

* * *

L'internement n'a guère conservé plus d'un siècle sa fonction première de mise au silence de la folie. Dès le milieu du XVIIIe siècle, l'inquiétude renaît. Le fou fait sa réapparition dans les paysages les plus familiers ; à nouveau, on le rencontre faisant partie de la vie quotidienne. Le *Neveu de Rameau* en porte témoignage. C'est qu'à cette époque, le monde correctionnaire où la folie était prise au milieu de tant de fautes, de péchés et de crimes commence à se disloquer. Dénonciation politique des séquestrations arbitraires ; critique économique des fondations et de la forme traditionnelle de l'assistance ; hantise populaire de ces maisons, comme Bicêtre ou Saint-Lazare, qui prennent la valeur de foyers du mal. Tout le monde réclame l'abolition de l'internement. Restituée à son ancienne liberté, que va devenir la folie ?

Les réformateurs d'avant 1789 et la Révolution elle-même ont voulu à la fois supprimer l'internement comme symbole de l'ancienne oppression et restreindre dans toute la mesure du possible l'assistance hospitalière comme signe de l'existence d'une classe misérable. On a cherché à définir une formule de secours financiers et de soins médicaux dont les pauvres pourraient bénéficier à leur domicile, échappant ainsi à la hantise de l'hôpital. Mais les fous ont ceci de particulier que, restitués à la liberté, ils peuvent devenir dangereux pour leur famille et le groupe dans lequel ils se trouvent. D'où la nécessité de les contenir et la sanction pénale qu'on inflige à ceux qui laissent errer « les fous et les animaux dangereux ».

C'est pour résoudre ce problème que les anciennes maisons d'internement, sous la Révolution et l'Empire, ont été peu à peu affectées aux fous, mais cette fois *aux seuls fous.* Ceux que la philanthropie de l'époque a libérés sont donc tous les autres, *sauf* les fous ; ceux-ci se trouveront être les héritiers naturels de l'internement et comme les titulaires privilégiés des vieilles mesures d'exclusion.

Sans doute l'internement prend-il alors une signification nouvelle : il devient mesure à caractère médical. Pinel en France, Tuke en Angleterre et en Allemagne Wagnitz et Reil ont attaché leur nom à cette réforme. Et il n'est point d'histoire de la psychiatrie ou de la médecine qui ne découvre en ces personnages les symboles d'un double avènement : celui d'un humanisme et celui d'une science enfin positive.

Les choses ont été tout autres. Pinel, Tuke, leurs contemporains et leurs successeurs n'ont pas dénoué les anciennes pratiques de l'internement ; ils les ont au contraire resserrées autour du fou. L'asile idéal que Tuke a réalisé près de York est censé reconstituer autour de l'aliéné une quasi-famille où il devra se sentir comme chez lui ; en fait, il est soumis, par là même, à un contrôle social et moral ininterrompu ; le guérir voudra dire lui réinculquer les sentiments de dépendance, d'humilité, de culpabilité, de reconnaissance qui sont l'armature morale de la vie de famille. On utilisera pour y parvenir des moyens comme les menaces, les châtiments, les privations alimentaires, les humiliations, bref, tout ce qui pourra à la fois *infantiliser* et *culpabiliser* le fou. Pinel, à Bicêtre, utilise des techniques semblables, après avoir « délivré les enchaînés » qui s'y trouvaient encore en 1793. Certes, il a fait tomber les liens matériels (pas tous cependant), qui contraignaient physiquement les malades. Mais il a reconstitué autour d'eux tout un enchaînement moral, qui transformait l'asile en une sorte d'instance perpétuelle de jugement : le fou devait être surveillé dans ses gestes, rabaissé dans ses prétentions, contredit dans son délire, ridiculisé dans ses erreurs : la sanction devait suivre immédiatement tout écart par rapport à une conduite normale. Et ceci sous la direction du médecin qui n'est pas tellement chargé d'une intervention thérapeutique que d'un contrôle éthique. Il est, à l'asile, l'agent des synthèses morales.

Mais il y a plus. Malgré l'étendue très grande des mesures d'internement, l'âge classique avait laissé subsister et se développer jusqu'à un certain point les pratiques médicales concernant la folie. Il y avait dans les hôpitaux ordinaires des sections réservées aux fous, on leur appliquait un traitement, et les textes médicaux du XVIIe et du XVIIIe siècle cherchaient à définir, surtout avec la grande multiplication des vapeurs et des maladies nerveuses, les techniques les plus appropriées à la guérison des insensés. Ces traitements n'étaient ni psychologiques ni physiques : ils étaient l'un et l'autre à la fois — la distinction cartésienne de l'étendue et de la pensée n'ayant pas entamé l'unité des pratiques médicales ; on soumettait le malade à la douche ou au bain pour rafraîchir ses esprits ou ses fibres ; on lui injectait du sang frais pour renouveler sa circulation troublée ; on cherchait à provoquer en lui des impressions vives pour modifier le cours de son imagination.

Or, ces techniques que la physiologie de l'époque justifiait ont été reprises par Pinel et ses successeurs dans un contexte purement répressif et moral. La douche ne rafraîchit plus, elle punit ; on ne doit plus l'appliquer quand le malade est « échauffé », mais quand il a commis une faute ; en plein XIXe siècle encore, Leuret soumettra ses malades à une douche glacée sur la tête et entreprendra à ce moment-là, avec eux, un dialogue où il les contraindra à avouer que leur croyance n'est que du délire. Le XVIIIe siècle avait aussi inventé une machine rotatoire sur laquelle on plaçait le malade afin que le cours de ses esprits trop fixé sur une idée délirante soit remis en mouvement et retrouve ses circuits naturels. Le XIXe siècle perfectionne le système en lui donnant un caractère strictement punitif : à chaque manifestation délirante on fait tourner le malade jusqu'à l'évanouissement s'il n'est pas venu à résipiscence. On met aussi au point une cage mobile qui tourne sur elle-même selon un axe horizontal et dont le mouvement est d'autant plus vif qu'est plus agité le malade qu'on y enferme. Tous ces jeux médicaux sont les versions asilaires d'anciennes techniques fondées sur une physiologie désormais abandonnée. L'essentiel, c'est que l'asile fondé à l'époque de Pinel pour l'internement ne représente pas la « médicalisation » d'un espace social d'exclusion ; mais la confusion à l'intérieur d'un régime moral unique de techniques dont les unes avaient un caractère de précaution sociale et les autres un caractère de stratégie médicale.

Or, c'est à partir de ce moment-là que la folie a cessé d'être considérée comme un phénomène global touchant à la fois, par l'intermédiaire de l'imagination et du délire, au corps et à l'âme. Dans le nouveau monde asilaire, dans ce monde de la morale qui châtie, la folie est devenue un fait qui concerne essentiellement l'âme humaine, sa culpabilité et sa liberté ; elle s'inscrit désormais dans la dimension de l'intériorité ; et par là, pour la première fois, dans le monde occidental, la folie va recevoir statut, structure et signification psychologiques. Mais cette psychologisation n'est que la conséquence superficielle d'une opération plus sourde et située à un niveau plus profond — une opération par laquelle la folie se trouve insérée dans le système des valeurs et des répressions morales. Elle est enclose dans un système punitif où le fou, minorisé, se trouve apparenté de plein droit à l'enfant, et où la folie, culpabilisée, se trouve originairement reliée à la faute. Ne nous étonnons pas, par conséquent, si toute la psychopathologie — celle qui commence avec Esquirol, mais la nôtre aussi — est commandée par ces trois thèmes qui définissent sa problématique : rapports de la liberté à l'automatisme ; phénomènes de régression et structure infantile des conduites ; agression et culpabilité. Ce que l'on découvre à titre de « psychologie » de la folie n'est que le résultat des opérations par lesquelles on l'a investie. Toute cette psychologie n'existerait pas sans le *sadisme moralisateur* dans lequel la « philanthropie » du XIXe siècle l'a enclose, sous les espèces hypocrites d'une « libération ».

*
* *

On dira que tout savoir est lié à des formes essentielles de cruauté. La connaissance de la folie ne fait point exception. Mais sans doute ce rapport est-il, à propos de la folie, singulièrement important. Parce que c'est lui d'abord qui a rendu possible une analyse psychologique de la folie ; mais surtout, parce que c'est lui qui secrètement a fondé la possibilité de toute psychologie. Il ne faut pas oublier que la psychologie « objective » ou « positive » ou « scientifique » a trouvé son origine historique et son fondement dans une expérience pathologique. C'est une analyse des dédoublements qui a autorisé une psychologie de la personnalité ; une analyse des automatismes et de l'inconscient qui a fondé une psychologie de la conscience ; une analyse des déficits qui a déclenché une psychologie de l'intelligence. Autrement dit, l'homme n'est devenu une « espèce psychologisable » qu'à partir du moment où son rapport à la folie a permis une psychologie, c'est-à-dire à partir du moment où son rapport à la folie a été défini par la dimension extérieure de l'exclusion et du châtiment, et par la dimension intérieure de l'assignation morale et de la culpabilité. En situant la folie par rapport à ces deux axes fondamentaux, l'homme du début du XIXe siècle rendait possible une *prise* sur la folie et à travers elle une psychologie générale.

Cette expérience de la Déraison dans laquelle, jusqu'au XVIIIe siècle, l'homme occidental rencontrait la nuit de sa vérité et sa contestation absolue va devenir, et reste encore pour nous, la voie d'accès à la vérité naturelle de l'homme. Et on comprend alors que cette voie d'accès soit si ambiguë et qu'à la fois elle invite aux réductions objectives (selon la ligne de pente de l'*exclusion*) et sollicite sans cesse le rappel à soi (selon la ligne de pente de l'assignation morale). Toute la structure épistémologique de la psychologie contemporaine s'enracine dans cet événement qui est à peu près contemporain de la Révolution, et qui concerne le rapport de l'homme à lui-même. La « psychologie » n'est qu'une mince pellicule à la surface du monde éthique où l'homme moderne cherche sa vérité — et la perd. Nietzsche l'avait bien vu, à qui on a fait dire le contraire.

Par conséquent, une psychologie de la folie ne peut être que dérisoire, et pourtant elle touche à l'essentiel.

Dérisoire puisqu'en voulant faire la psychologie de la folie on exige de la psychologie qu'elle entame ses propres conditions, qu'elle retourne à ce qui l'a rendue possible et qu'elle contourne ce qui est pour elle, et par définition, l'indépassable. Jamais la psychologie ne pourra dire sur la folie la vérité, puisque c'est la folie qui détient la vérité de la psychologie. Et cependant une psychologie de la folie ne peut manquer d'aller vers l'essentiel, puisqu'elle se dirige obscurément vers le point où ses possibilités se nouent ; c'est-à-dire qu'elle remonte son propre courant et s'achemine vers ces régions où l'homme a rapport avec lui-même et inaugure cette forme d'aliénation qui le fait devenir *homo psychologicus*. Poussée jusqu'à sa racine, la psychologie de la folie, ce serait non pas la maîtrise de la maladie mentale et par là la possibilité de sa disparition, mais la destruction de la psychologie elle-même et la remise à jour de ce rapport essentiel, non psychologique parce que non moralisable, qui est le rapport de la raison à la déraison.

C'est ce rapport qui, malgré toutes les misères de la psychologie, est présent et visible dans les œuvres de Hölderlin, de Nerval, de Roussel et d'Artaud, et qui promet à l'homme qu'un jour, peut-être, il pourra se retrouver libre de toute psychologie pour le grand affrontement tragique avec la folie.

CHAPITRE VI

LA FOLIE, STRUCTURE GLOBALE

Ce qui vient d'être dit ne vaut pas comme critique *a priori* de toute tentative pour cerner les phénomènes de la folie ou pour définir une tactique de guérison. Il s'agissait seulement de montrer entre la psychologie et la folie un rapport tel et un déséquilibre si fondamental qu'ils rendent vain chaque effort pour traiter le tout de la folie, son essence et sa nature en termes de psychologie. La notion même de « maladie mentale » est l'expression de cet effort condamné d'entrée de jeu. Ce qu'on appelle « maladie mentale » n'est que de la *folie aliénée*, aliénée dans cette psychologie qu'elle-même a rendue possible.

Il faudra un jour tenter de faire une étude de la folie comme structure globale — de la folie libérée et désaliénée, restituée en quelque sorte à son langage d'origine.

Il apparaîtrait sans doute d'abord qu'il n'existe pas de culture qui ne soit sensible, dans la conduite et le langage des hommes, à certains phénomènes à l'égard des quels la société prend une attitude particulière : ces hommes ne sont traités ni tout à fait comme des malades, ni tout à fait comme des criminels, ni tout à fait comme des sorciers, ni tout à fait non plus comme des gens ordinaires. Il y a quelque chose, en eux, qui parle de la différence et appelle la différenciation. Gardons-nous de dire que c'est la première conscience, obscure et diffuse, de ce que notre esprit scientifique reconnaîtra comme maladie mentale ; c'est seulement le vide à l'intérieur duquel se logera l'expérience de la folie. Mais sous cette forme purement négative se trame déjà un rapport positif, dans lequel la société engage et risque ses valeurs. Ainsi la Renaissance, après la grande hantise de la mort, la peur des Apocalypses, et les menaces de l'autre monde, a éprouvé dans ce monde-ci un nouveau péril : celui d'une invasion sourde, venant de l'intérieur, et, pour ainsi dire, d'un bâillement secret de la terre ; cette invasion, c'est celle de l'Insensé qui place l'Autre monde au même niveau que celui-ci, et comme à ras terre ; de telle sorte qu'on ne sait plus si c'est notre monde qui se dédouble dans un mirage fantastique, si c'est l'autre, au contraire, qui prend possession de lui, ou si finalement le secret de *notre* monde, c'était d'être déjà, et sans que nous le sachions, l'*autre*. Cette expérience incertaine, ambiguë, qui fait habiter l'étrangeté au cœur même du familier, prend chez Jérôme Bosch le style du visible : le monde se peuple en tous ses coquillages, en chacune de ses herbes, de monstres minuscules, inquiétants et dérisoires qui sont à la fois vérité et mensonge, illusion et secret, Même et Autre. Le *Jardin des Délices* n'est pas l'image symbolique et concertée de la folie, ni la projection spontanée d'une imagination en délire ; c'est la perception d'un monde suffisamment proche et éloigné de soi pour être ouvert à l'absolue différence de l'Insensé. En face de cette menace, la culture de la Renaissance éprouve ses valeurs et les engage au combat sur un mode plus ironique que tragique. La raison se reconnaît, elle aussi, comme dédoublée et dépossédée d'elle-même : elle se croyait sage, elle est folle ; elle croyait savoir, elle ignore ; elle se croyait droite, elle délire ; la connaissance introduit aux ténèbres et au monde interdit, quand on pensait être mené par elle à l'éternelle lumière. Tout un jeu s'esquisse qui dominera la Renaissance : non pas jeu sceptique d'une raison qui reconnaît ses limites, mais jeu plus dur, plus risqué, plus sérieusement ironique d'une raison qui joue sa partie avec l'Insensé.

Sur fond de ces expériences très générales et primitives, d'autres se forment qui sont déjà plus articulées. Il s'agit des valorisations positives et négatives, des formes d'acceptation et de refus qui concernent les expériences dont il vient d'être question. Il est clair que le XVIe siècle a valorisé positivement et reconnu ce que le XVIIe allait méconnaître, dévaloriser et réduire au silence. La folie au sens le plus large se situe là : à ce niveau de sédimentation dans les phénomènes de culture où commence la valorisation négative de ce qui avait été appréhendé à l'origine comme le Différent, l'Insensé, la Déraison. Là, les significations morales s'engagent, les défenses jouent ; des barrières s'élèvent, et tous les rituels d'exclusion s'organisent. Ces exclusions peuvent être selon les cultures de différents types : séparation géographique (comme dans ces sociétés indonésiennes où l'homme « différent » vit seul, parfois à quelques kilomètres du village), séparation matérielle (comme dans nos sociétés qui pratiquent l'internement) ou simplement séparation virtuelle, à peine visible de l'extérieur (comme au début du XVIIe siècle en Europe).

Ces tactiques de partage servent de cadre à la perception de la folie. La reconnaissance qui permet de dire : celui-ci est un fou, n'est pas un acte simple ni immédiat. Il repose en fait sur un certain nombre d'opérations préalables et surtout sur ce découpage de l'espace social selon les lignes de la valorisation et de l'exclusion. Lorsque le médecin croit diagnostiquer la folie comme un phénomène de nature, c'est l'existence de ce seuil qui permet de porter le jugement de folie. Chaque culture a son seuil particulier et il évolue avec la configuration de cette culture ; depuis le milieu du XIXe siècle, le seuil de sensibilité à la folie s'est considérablement abaissé dans notre société ; l'existence de la psychanalyse est le témoin de cet abaissement dans la mesure où elle en est l'effet tout autant que la cause. Il faut noter que ce seuil n'est pas nécessairement lié à l'acuité de la conscience médicale : le fou peut être parfaitement reconnu et isolé, sans recevoir pour autant un statut pathologique précis, comme ce fut le cas en Europe avant le XIXe siècle.

Enfin, liée au niveau du seuil, mais relativement indépendante de lui, la tolérance à l'existence même du fou. Dans le Japon actuel, la proportion de fous reconnus comme tels par leur entourage est sensiblement la même qu'aux États-Unis ; mais ici l'intolérance est grande, en ce sens que le groupe social (essentiellement la famille) n'est pas capable d'intégrer ou simplement d'accepter la personne déviante ; l'hospitalisation, le séjour en clinique, ou simplement la séparation d'avec la famille sont aussitôt requis. Au contraire, au Japon, le milieu est beaucoup plus tolérant et l'hospitalisation est loin d'être la règle. Une des nombreuses raisons qui font baisser le nombre des entrées dans les asiles européens au cours des guerres et des crises graves, c'est que le niveau des normes intégratives du milieu subit une forte baisse, et celui-ci devient naturellement plus tolérant qu'il ne l'est en temps ordinaire, quand il est plus cohérent et moins pressé par l'événement.

C'est sur le sol constitué par ces quatre niveaux qu'une conscience médicale de la folie peut enfin se développer. La perception de la folie devient alors reconnaissance de la maladie. Mais rien ne l'engage encore nécessairement à être diagnostic de la maladie « mentale ». Ni la médecine arabe, ni celle du Moyen Âge, ni même la médecine post-cartésienne n'admettaient la distinction des maladies du corps et des maladies de l'esprit ; chaque forme pathologique impliquait l'homme en sa totalité. Et l'organisation d'une psychopathologie suppose encore toute une série d'opérations qui, d'un côté, permettent le partage entre la pathologie organique et la connaissance des maladies mentales, et qui, d'un autre côté, définissent les lois d'une « métapathologie » commune à ces deux domaines dont elle régit abstraitement les phénomènes. Cette organisation théorique de la maladie mentale est liée à tout un système de pratiques : organisation du réseau médical, système de détection et de prophylaxie, forme de l'assistance, distribution des soins, critères de la guérison, définition de l'incapacité civile du malade et de son irresponsabilité pénale : bref, tout un ensemble qui définit dans une culture donnée la vie concrète du fou.

*
* *

Mais ce n'est là encore que la mesure de toutes les distances prises par une société à l'égard de cette expérience majeure de l'Insensé qui, progressivement et grâce à des partages successifs, devient *folie*, *maladie* et *maladie mentale*. Il faudrait aussi montrer le mouvement contraire ; c'est-à-dire celui par lequel une culture vient à s'exprimer, positivement, dans les phénomènes qu'elle rejette. Même mise au silence et exclue, la folie a valeur de langage et ses contenus prennent sens à partir de ce qui la dénonce et repousse comme folie. Prenons l'exemple de la maladie mentale avec les structures et profils que notre psychologie croit lui reconnaître.

La maladie mentale se situe dans l'évolution, comme une perturbation de son cours ; par son aspect régressif, elle fait apparaître des conduites infantiles ou des formes archaïques de la personnalité. Mais l'évolutionnisme a tort de voir dans ces retours l'essence même du pathologique, et son origine réelle. Si la régression à l'enfance se manifeste dans les névroses, ce n'est là qu'un effet. Pour que la conduite enfantine soit pour le malade un refuge, pour que sa réapparition soit considérée comme un fait pathologique irréductible, il faut que la société instaure entre le présent et le passé de l'individu une marge que l'on ne peut, ni ne doit franchir ; il faut que la culture n'intègre le passé qu'en le contraignant à disparaître. Et notre culture a bien cette marque. Quand le XVIIIe siècle, avec Rousseau et Pestallozzi, s'est préoccupé de constituer pour l'enfant, avec des règles pédagogiques qui suivent son développement, un monde qui soit à sa mesure, il a permis que l'on forme autour des enfants un milieu irréel, abstrait et archaïque, sans rapport avec le monde adulte. Toute l'évolution de la pédagogie contemporaine, avec l'irréprochable visée de préserver l'enfant des conflits adultes, accentue la distance qui sépare, pour un homme, sa vie d'enfant de sa vie d'homme fait. C'est dire que, pour épargner à l'enfant des conflits, elle l'expose à un conflit majeur, à la contradiction entre son enfance et sa vie réelle[1]. Si l'on ajoute que, dans ses institutions pédagogiques, une culture ne projette pas directement sa réalité, avec ses conflits et ses contradictions, mais qu'elle la reflète indirectement à travers les mythes qui l'excusent, la justifient et l'idéalisent dans une cohérence chimérique ; si l'on ajoute que dans une pédagogie une société rêve son âge d'or (songez à celles de Platon, de Rousseau, à l'institution républicaine de Durkheim, au naturalisme pédagogique de la République de Weimar), on comprend que les fixations ou régressions pathologiques ne sont possibles que dans une certaine culture ; qu'elles se multiplient dans la mesure où les formes sociales ne permettent pas de liquider le passé, et de l'assimiler au contenu actuel de l'expérience. Les névroses de régression ne manifestent pas la nature névrotique de l'enfance, mais elles dénoncent le caractère archaïsant des institutions qui la concernent. Ce qui sert de paysage à ces formes pathologiques, c'est le conflit, au sein d'une société, entre les formes d'éducation de l'enfant, où elle cache ses rêves, et les conditions qu'elle fait

1. C'est peut-être dans cette hétérogénéité, et dans la marge qui sépare ces deux formes de vie, que se trouve la racine de ce phénomène décrit par Freud, comme phase de latence, et rattaché par lui à un mythique retrait de la libido.

aux adultes, où se lisent au contraire son présent réel, et ses misères. On pourrait en dire autant pour le développement culturel : les délires religieux, avec leur système d'assertions et l'horizon magique qu'ils impliquent toujours, s'offrent comme des régressions individuelles par rapport au développement social. Ce n'est pas que la religion soit par nature délirante, ni que l'individu rejoigne, par-delà la religion actuelle, ses origines psychologiques les plus suspectes. Mais le délire religieux est fonction de la laïcisation de la culture : la religion peut être l'objet de croyance délirante dans la mesure où la culture d'un groupe ne permet plus d'assimiler les croyances religieuses, ou mystiques, au contenu actuel de l'expérience. À ce conflit et à l'exigence de le dépasser, appartiennent les délires messianiques, l'expérience hallucinatoire des apparitions, et les évidences de l'appel foudroyant qui restaurent, dans l'univers de la folie, l'unité déchirée dans le monde réel. L'horizon historique des régressions psychologiques est donc dans un conflit de thèmes culturels, marqués chacun d'un indice chronologique qui en dénonce les diverses origines historiques.

L'histoire individuelle, avec ses traumatismes, et ses mécanismes de défense, avec surtout l'angoisse qui la hante, a paru former une autre des dimensions psychologiques de la maladie. La psychanalyse a placé à l'origine de ces conflits un débat « métapsychologique », aux frontières de la mythologie (« les instincts sont nos mythes » disait Freud lui-même), entre l'instinct de vie et l'instinct de mort, entre le plaisir et la répétition, entre Éros et Thanatos. Mais c'est ériger en forme de solution ce qui s'affronte dans le problème. Si la maladie trouve un mode privilégié d'expression dans cet entrelacement de conduites contradictoires, ce n'est pas que les éléments de la contradiction se juxtaposent, comme segments de conflit, dans l'inconscient humain, c'est seulement que l'homme fait de l'homme une expérience contradictoire. Les rapports sociaux que détermine une culture, sous les formes de la concurrence, de l'exploitation, de la rivalité de groupes ou des luttes de classe, offrent à l'homme une expérience de son milieu humain que hante sans cesse la contradiction. Le système des rapports économiques l'attache aux autres, mais par les liens négatifs de la dépendance ; les lois de coexistence qui l'unissent à ses semblables dans un même destin l'opposent à eux dans une lutte qui, paradoxalement, n'est que la forme dialectique de ces lois ; l'universalité des liens économiques et sociaux lui permet de reconnaître, dans le monde, une patrie et de lire une signification commune dans le regard de tout homme, mais cette signification peut être aussi bien celle de l'hostilité, et cette patrie peut le dénoncer comme un étranger. L'homme est devenu pour l'homme aussi bien le visage de sa propre vérité que l'éventualité de sa mort. Il ne peut rencontrer que dans l'imaginaire le statut fraternel où ses rapports sociaux trouveront leur stabilité, et leur cohérence : autrui s'offre toujours dans une expérience que la dialectique de la vie et de la mort rend précaire et périlleuse. Le complexe d'Œdipe, nœud des ambivalences familiales, est comme la version réduite de cette contradiction : cette haine amoureuse qui le lie à ses parents, l'enfant ne l'apporte pas, telle une équivoque de ses instincts ; il la rencontre seulement dans l'univers adulte, spécifiée par l'attitude des parents qui découvrent implicitement dans leur propre conduite le vieux thème que la vie des enfants est la mort des parents. Bien plus : ce n'est pas un hasard si Freud, en réfléchissant sur les névroses de guerre, a découvert pour doubler l'instinct de vie, où s'exprimait encore le vieil optimisme européen du XVIIIe siècle, un instinct de mort, qui introduisait pour la première fois dans la psychologie la puissance du négatif. Freud voulait expliquer la guerre ; mais c'est la guerre qui se rêve dans ce tournant de la pensée freudienne. Ou plutôt notre culture faisait, à cette époque, d'une façon claire pour elle-même, l'expérience de ses propres contradictions : il fallait renoncer au vieux rêve de la solidarité et admettre que l'homme pouvait et devait faire de l'homme une expérience négative, vécue sur le mode de la haine et de l'agression. Les psychologues ont donné à cette expérience le nom de l'ambivalence et ils y ont vu un conflit d'instincts. Mythologie sur tant de mythes morts.

Enfin, les phénomènes morbides ont semblé, dans leur convergence, désigner une structure singulière du monde pathologique : et ce monde offrirait, à l'examen du phénoménologue, le paradoxe d'être à la fois, le « monde privé », inaccessible, où le malade se retire pour une existence arbitraire de fantaisie et de délire — et en même temps, l'univers de contrainte auquel il est voué sur le mode de l'abandon ; cette projection contradictoire serait un des mouvements essentiels de la maladie. Mais cette forme pathologique n'est que seconde par rapport à la contradiction réelle qui la suscite. Le déterminisme qui la sous-tend n'est pas la causalité magique d'une conscience fascinée par son monde, mais la causalité effective d'un univers qui ne peut, de lui-même, offrir une solution aux contradictions qu'il a fait naître. Si le monde projeté dans la fantaisie d'un délire emprisonne la conscience qui le projette, ce n'est pas qu'elle s'y englue elle-même, ce n'est pas qu'elle s'y dépouille de ses possibilités d'être ; mais c'est que le monde, en aliénant sa liberté, ne peut reconnaître sa folie. En s'ouvrant sur un monde délirant, ce n'est pas par une contrainte imaginaire que se lie la conscience morbide ; mais en subissant la contrainte réelle, elle s'échappe dans un monde morbide où elle retrouve, mais sans la reconnaître, cette même contrainte réelle : car ce n'est pas en voulant lui échapper qu'on dépasse la réalité. On parle beaucoup de la folie contemporaine, liée à l'univers de la machine, et à l'effacement des relations affectives directes entre les hommes. Ce lien n'est pas faux, sans doute, et ce n'est pas un hasard si le monde morbide prend si souvent, de nos jours, l'allure d'un monde où la rationalité mécaniste exclut la spontanéité continue de la vie affective. Mais il serait absurde de dire que l'homme malade machinise son univers parce qu'il projette un univers schizophrénique où il se perd ; faux même de prétendre qu'il est schizophrène, parce que c'est là, pour lui, le seul moyen d'échapper à la contrainte de son univers réel. En fait, quand l'homme demeure étranger à ce qui passe dans son langage, quand il ne peut reconnaître de signification humaine et vivante aux productions de son activité, lorsque les déterminations économiques et sociales le contraignent, sans qu'il puisse trouver sa patrie dans ce monde, alors il vit dans une culture qui rend possible une forme pathologique comme la schizophrénie ; étranger dans un monde réel, il est renvoyé à un « monde privé », que ne peut plus garantir aucune objectivité ; soumis, cependant, à la contrainte de ce monde réel, il éprouve cet univers dans lequel il fuit, comme un destin. Le monde contemporain rend possible la schizophrénie, non parce que ses événements le rendent inhumain et abstrait; mais parce que notre culture fait du monde une telle lecture que l'homme lui-même ne peut plus s'y reconnaître. Seul le conflit réel des conditions d'existence peut servir de modèle structural aux paradoxes du monde schizophrénique.

En résumé, on peut dire que les dimensions psychologiques de la maladie ne peuvent pas, sans quelque sophisme, être envisagées comme autonomes. Certes, on peut situer la maladie mentale par rapport à la genèse humaine, par rapport à l'histoire psychologique et individuelle, par rapport aux formes d'existence. Mais on ne doit pas faire de ces divers aspects de la maladie des formes ontologiques si on ne veut pas avoir recours à des explications mythiques, comme l'évolution des structures psychologiques, ou la théorie des instincts, ou une anthropologie existentielle. En réalité, c'est dans l'histoire seulement que l'on peut découvrir le seul *a priori* concret, où la maladie mentale prend, avec l'ouverture vide de sa possibilité, ses figures nécessaires.

CONCLUSION

À dessein, nous n'avons pas évoqué les problèmes physiologiques et anatomo-pathologiques qui concernent la maladie mentale ; non plus que ceux des techniques de guérison. Ce n'est pas que l'analyse psychopathologique en soit, de fait ou de droit, indépendante ; les découvertes récentes sur la physiologie des centres diencéphaliques et leur rôle régulateur sur la vie affective, les lumières apportées sans cesse depuis les premières expériences de Breuer et de Freud par les développements de la stratégie psychanalytique suffiraient à prouver le contraire. Mais ni la physiologie ni la thérapeutique ne peuvent devenir ces points de vue absolus à partir desquels la psychologie de la maladie mentale peut se résoudre ou se supprimer. Depuis 140 ans bientôt que Bayle a découvert les lésions spécifiques de la paralysie générale et trouvé assez constamment un délire de grandeur dans les phases initiales de sa symptomatologie, on ne sait toujours pas pourquoi c'est précisément une exaltation hypomaniaque qui accompagne de pareilles lésions. Et si le succès de l'intervention psychanalytique ne fait qu'une seule et même chose avec la mise à jour de la « vérité » de la névrose, elle ne la dévoile qu'à l'intérieur du nouveau drame psychologique où elle l'engage.

Les dimensions psychologiques de la folie ne peuvent

donc pas être réprimées à partir d'un principe d'explication ou de réduction qui leur serait extérieur. Mais elles doivent être situées à l'intérieur de ce rapport général que l'homme occidental a établi voici bientôt deux siècles de lui-même à lui-même. Ce rapport vu sous l'angle le plus aigu, c'est cette psychologie en laquelle il a mis un peu de son étonnement, beaucoup de son orgueil, et l'essentiel de ses pouvoirs d'oubli ; sous un angle plus large, c'est l'émergence, dans les formes du savoir, d'un *homo psychologicus*, chargé de détenir la vérité intérieure, décharnée, ironique et positive de toute conscience de soi et de toute connaissance possible ; enfin replacé dans l'ouverture la plus large, ce rapport c'est celui que l'homme a substitué à son rapport à la vérité, en l'aliénant dans ce postulat fondamental qu'il est lui-même la vérité de la vérité.

Ce rapport qui fonde philosophiquement toute psychologie possible n'a pu être défini qu'à partir d'un moment précis dans l'histoire de notre civilisation : le moment où la grande confrontation de la Raison et de la Déraison a cessé de se faire dans la dimension de la liberté et où la raison a cessé d'être pour l'homme une éthique pour devenir une nature. Alors la folie est devenue nature de la nature, c'est-à-dire processus aliénant la nature et l'enchaînant dans son déterminisme, tandis que la liberté devenait, elle aussi, nature de la nature, mais au sens d'âme secrète, d'essence inaliénable de la nature. Et l'homme, au lieu d'être placé devant le grand partage de l'Insensé et dans la dimension qu'il inaugure, est devenu, au niveau de son être naturel, *ceci* et *cela*, folie et liberté, recueillant, par le privilège de son essence, le droit d'être nature de la nature et vérité de la vérité.

Il y a une bonne raison pour que la psychologie jamais ne puisse maîtriser la folie ; c'est que la psychologie n'a été possible dans notre monde qu'une fois la folie maîtrisée, et exclue déjà du drame. Et quand, par éclairs et par cris, elle reparaît comme chez Nerval ou Artaud, comme chez Nietzsche ou Roussel, c'est la psychologie qui se tait et reste *sans mot* devant ce langage qui emprunte le sens des siens à ce déchirement tragique et à cette liberté dont la seule existence des « psychologues » sanctionne pour l'homme contemporain le pesant oubli.

Quelques dates dans l'histoire de la psychiatrie

1793 PINEL est nommé médecin-chef des Infirmeries de Bicêtre.

1822 Thèse de BAYLE, *Recherches sur les maladies mentales* (définition de la paralysie générale).

1838 Loi sur les aliénés.

1843 BAILLARGER fonde les *Annales médico-psychologiques*.

1884 JACKSON, *Croonian Lectures*.

1889 KRAEPELIN, *Lehrbuch der Psychiatrie*.

1890 MAGNAN, *La folie intermittente*.

1893 BREUER et FREUD, *Études sur l'hystérie*.

1894 JANET, *L'automatisme psychologique*.

1909 FREUD, *Analyse d'une phobie chez un petit garçon de 5 ans*.

1911 FREUD, *Remarques psychanalytiques sur l'autobiographie d'un cas de paranoïa*.

1911 BLEULER, *La démence précoce ou le groupe des schizophrénies*.

1913 JASPERS, *Psychopathologie générale*.

1921 FREUD, *Au-delà du principe de plaisir*.

1926 PAVLOV, *Leçons sur l'activité du cortex cérébral*.

1928 MONAKOW et MOURGUE, *Introduction biologique à la neurologie et à la psychopathologie*.

1933 L. BINSWANGER, *Ideenflucht*.

1936 Egas MONIZ pratique les premières lobotomies.

1938 CERLETTI commence à pratiquer l'électro-choc.

Table des matières

COLLECTION « QUADRIGE »

Alain Propos sur des philosophes
Alain Propos sur l'éducation *suivis de* Pédagogie enfantine
Alain Propos sur les Beaux-Arts
Alain Stendhal *et autres textes*
Alland et **Rials** (dir.) Dictionnaire de la culture juridique
Alquié Le désir d'éternité
Alter (dir.) L'innovation ordinaire
Alter Sociologie du monde du travail
Altet Les pédagogies de l'apprentissage
Althusser Montesquieu, la politique et l'histoire
Althusser *et al.* Lire *Le Capital*
Ambrière (dir.) Dictionnaire du XIXe siècle européen
André Aux origines féminines de la sexualité
Andreas-Salomé Ma vie
Andriantsimbazovina, Gaudin, Marguénaud, Rials, Sudre (dir.) Dictionnaire des Droits de l'Homme
Anzieu, Chabert Les méthodes projectives
Anzieu, Martin La dynamique des groupes restreints
Arabeyre, Halpérin, Krynen (dir.) Dictionnaire historique des juristes français
Arendt La vie de l'esprit
Aron Les sociétés modernes
Aron La sociologie allemande contemporaine
Aron, Saint-Jacques, Viala (dir.) Le dictionnaire du littéraire
Arvon Le bouddhisme
Assoun Freud, la philosophie et les philosophes
Assoun Freud et Nietzsche
Assoun Le freudisme
Assoun Psychanalyse
Aubenque Le problème de l'être chez Aristote
Aubenque La prudence chez Aristote
Auroux La question de l'origine des langues
Auroux, Deschamps, Kouloughli La philosophie du langage
Aymard et **Auboyer** L'Orient et la Grèce antique
Aymard et **Auboyer** Rome et son Empire
Bachelard La philosophie du non
Bachelard La poétique de l'espace
Bachelard La poétique de la rêverie
Bachelard Le nouvel esprit scientifique
Bachelard La flamme d'une chandelle
Bachelard Le rationalisme appliqué
Bachelard La dialectique de la durée
Bachelard Le matérialisme rationnel
Bachelard Le droit de rêver
Balandier Sens et puissance
Balandier Anthropologie politique
Balibar Droit de cité
Bardin L'analyse de contenu
Barjot, Chaline, Encrevé La France au XIXe siècle
Barluet Édition de sciences humaines et sociales : le cœur en danger
Bauduin, Coblence (dir.) Marcel Proust, visiteur des psychanalystes
Bauzon La personne biojuridique
Beaufret Parménide. Le Poème
Bellemin-Noël Psychanalyse et littérature
Bély (dir.) Dictionnaire de l'Ancien Régime
Bély La France moderne, 1498-1789
Bencheikh (dir.) Dictionnaire de littératures de langue arabe et magrébine francophone
Bénéton Introduction à la politique
Benoît XVI La théologie de l'Histoire de saint Bonaventure
Bergson Essai sur les données immédiates de la conscience
Bergson L'énergie spirituelle
Bergson L'évolution créatrice
Bergson Le rire
Bergson Les deux sources de la morale et de la religion
Bergson Matière et mémoire
Bergson La pensée et le mouvant
Bergson Durée et simultanéité
Bernard Principes de médecine expérimentale
Bernstein Des idées capitales
Berthelot Les vertus de l'incertitude
Bideaud, Houdé, Pedinielli L'homme en développement
Bidet, Duménil Altermarxisme. Un autre marxisme pour un autre monde
Binoche, Cléro Bentham contre les droits de l'homme
Blanché L'axiomatique
Bloch, Wartburg Dictionnaire étymologique de la langue française
Blondel L'action (1893)
Bodéüs, Gauthier-Muzellec, Jaulin et **Wolff** La philosophie d'Aristote
Bonte et **Izard** (dir.) Dictionnaire de l'ethnologie et de l'anthropologie
Bony, Millet, Wilkinson Versions et thèmes anglais
Borlandi, Boudon, Cherkaoui, Valade (dir.) Dictionnaire de la pensée sociologique
Borne Le problème du mal
Boudon Effets pervers et ordre social
Boudon Essais sur la théorie générale de la rationalité
Boudon La place du désordre
Boudon Études sur les sociologues classiques I

Boudon Études sur les sociologues classiques II
Boudon Le sens des valeurs
Boudon, Bourricaud (dir.) Dictionnaire critique de la sociologie
Bouhdiba La sexualité en Islam
Bourdieu Sociologie de l'Algérie
Bouriau, Clavier, Lequan, Raulet et **Tosel** La philosophie de Kant
Boutang Ontologie du secret
Boutinet Anthropologie du projet
Bouvier, George, Le Lionnais Dictionnaire des mathématiques
Brague Du temps chez Platon et Aristote
Brahami Introduction au *Traité de la nature humaine* de David Hume
Braudel et **Labrousse** Histoire économique et sociale de la France
T. I : 1450-1660
T. III : 1789-années 1880
T. IV, vol. 1-2 : Années 1880-1950
T. IV, vol. 3 : Années 1950-1980
Bréhier Histoire de la philosophie
Brisson, Fronterotta (dir.) Lire Platon
Brisson, Pradeau Les *Lois* de Platon
Bronner, Géhin L'inquiétant principe de précaution
Canguilhem Le normal et le pathologique
Canguilhem *et al.* Du développement à l'évolution au xixe siècle
Canto-Sperber Éthiques grecques
Canto-Sperber Dictionnaire d'éthique et de philosophie morale (2 vol. sous coffret)
Carbonnier Sociologie juridique
Carbonnier Droit civil (2 vol. sous coffret)
Carmoy de L'Euramérique
Caron Précis de psycholinguistique
Castagnède La politique sans pouvoir
Cauquelin L'invention du paysage
Cauquelin Le site et le paysage
Cauquelin À l'angle des mondes possibles
Champy La sociologie des professions
Châtelet, Duhamel et **Pisier** (dir.) Dictionnaire des œuvres politiques
Chauvin Les sociétés animales
Chebel Le corps en Islam
Chebel L'imaginaire arabo-musulman
Chiland (dir.) L'entretien clinique
Choulet, Folscheid, Wunenburger Méthodologie philosophique
Cobast, Robert (dir.) Culture générale, 1
Cobast, Robert (dir.) Culture générale, 2
Cohen-Tanugi Le droit sans l'État
Colas Sociologie politique
Comte Premiers cours de philosophie positive
Comte-Sponville Traité du désespoir et de la béatitude
Conche Essais sur Homère
Cornu (dir.) Vocabulaire juridique
Corvisier (dir.) Histoire militaire de la France
T. I : Des origines à 1715
T. II : De 1715 à 1871
T. III : De 1871 à 1940
T. IV : De 1940 à nos jours
Cotteret Gouverner c'est paraître
Couderc Le théâtre espagnol du Siècle d'Or (1580-1680)
Cournut Pourquoi les hommes ont peur des femmes
Couturier, David, Lecourt, Sraer, Sureau (dir.) La mort de la clinique ?
Crahay Psychologie de l'éducation
Crépieux-Jamin ABC de la graphologie
Cusin, Benamouzig Économie et sociologie
Dagognet Le corps
Damon Questions sociales et questions urbaines
Daumas (dir.) Histoire générale des techniques
T. 1 : Des origines au xve siècle
T. 2 : Les premières étapes du machinisme
T. 3 : L'expansion du machinisme
T. 4 : Énergie et matériaux
T. 5 : Transformation - Communication - Facteur humain
David-Ménard Les constructions de l'universel
Davis et **Wallbridge** Winnicott. Introduction à son œuvre
Davy La connaissance de soi
De Koninck De la dignité humaine
Delbecque Quel patriotisme économique ?
Deleuze La philosophie critique de Kant
Deleuze Proust et les signes
Deleuze Nietzsche et la philosophie
Deleuze Le bergsonisme
Delmas-Marty Le flou du droit
Delon (dir.) Dictionnaire européen des Lumières
Delporte, Mollier, Sirinelli (dir.) Dictionnaire d'histoire culturelle de la France contemporaine
Demeulenaere *Homo œconomicus.* Enquête sur la constitution d'un paradigme
Denis Histoire de la pensée économique
Denis, Janin (dir.) Psychothérapie et psychanalyse
Derrida La voix et le phénomène
Desanti Introduction à l'histoire de la philosophie
Desanti Une pensée captive. Articles de *La Nouvelle Critique* (1948-1956)
Descartes La recherche de la vérité par la lumière naturelle
Descartes Méditations métaphysiques
Descombes Le platonisme
Descombes, Larmore Dernières nouvelles du Moi
Diatkine, Simon La psychanalyse précoce
Doron, Parot (dir.) Dictionnaire de psychologie
Douin Dictionnaire de la censure au cinéma
Droz (dir.) Histoire générale du socialisme
T. 1 : Des origines à 1875
T. 2 : De 1875 à 1918
T. 3 : De 1918 à 1945

T. 4 : De 1945 à nos jours
Duménil, Löwy, Renault Lire Marx
Dumézil Du mythe au roman
Durand L'imagination symbolique
Durand L'enfant et le sport
Durkheim Les règles de la méthode sociologique
Durkheim Le suicide
Durkheim Les formes élémentaires de la vie religieuse
Durkheim Éducation et sociologie
Durkheim De la division du travail social
Durkheim L'évolution pédagogique en France
Durkheim Leçons de sociologie
Durkheim Le socialisme
Durkheim Sociologie et philosophie
Duvignaud Sociologie du théâtre
Eco Sémiotique et philosophie du langage
Einaudi Un rêve algérien
Elbaum Économie politique de la protection sociale
Ellul Islam et judéo-christianisme
Ellul Histoire des institutions. L'Antiquité
Ellul Histoire des institutions. Le Moyen Âge
Ellul Histoire des institutions. XVIe-XVIIIe siècle
Ellul Histoire des institutions. Le XIXe siècle
Enckell, Rézeau Dictionnaire des onomatopées
Esnault, Hoarau Comptabilité financière
Etner Microéconomie
Famose et **Bertsch** L'estime de soi : une controverse éducative
Febvre Martin Luther, un destin
Fédida Crise et contre-transfert
Fédida Le site de l'étranger. La situation psychanalytique
Ferry et **Renaut** Philosophie politique
Fichte Fondement du droit naturel selon les principes de la doctrine de la science
Filliozat Dictionnaire des littératures de l'Inde
Flouzat Japon, éternelle renaissance
Focillon Vie des formes
Foucault Maladie mentale et psychologie
Foucault Naissance de la clinique
Foulquié Dictionnaire de la langue pédagogique
Freud Cinq psychanalyses
Freud Dora
Freud Le petit Hans
Freud L'Homme aux loups
Freud L'Homme aux rats
Freud La première théorie des névroses
Freud Le Président Schreber
Freud L'avenir d'une illusion
Freud Inhibition, symptôme et angoisse
Freud Le malaise dans la culture
Freud La technique psychanalytique
Freud Trois essais sur la théorie sexuelle
Freud Nouvelle suite des leçons d'introduction à la psychanalyse
Freud Métapsychologie
Freud Leçons d'introduction à la psychanalyse
Freud Freud et la création littéraire. Choix de textes
Freud Le délire et les rêves dans la *Gradiva* de W. Jensen
Freud De la psychanalyse
Freud Au-delà du principe de plaisir
Freud L'interprétation du rêve
Freud Totem et tabou
Freud Psychologie des masses et analyse du moi
Frison-Roche, Bonfils Les grandes questions du droit économique
Fromm, De Martino et **Suzuki** Bouddhisme zen et psychanalyse
Fumaroli et **Zuber** Dictionnaire de littérature française du XVIIe siècle
Gallien Homo. Histoire plurielle d'un genre très particulier
Gandhi Autobiographie ou mes expériences de vérité
Garfinkel Recherches en ethnométhodologie
Gauvard La France au Moyen Âge, du Ve au XVe siècle
Gauvard, Libera, Zink (dir.) Dictionnaire du Moyen Âge
Génetiot Le classicisme
George, Verger (dir.) Dictionnaire de la géographie
Gesell, Ilg Le jeune enfant dans la civilisation moderne
Giddens La constitution de la société
Gigandet, Morel (dir.) Lire Épicure et les épicuriens
Gisel (dir.) Encyclopédie du protestantisme
Gisel La théologie
Giuily La communication institutionnelle. Privé/public : le manuel des stratégies
Gorceix La bible des Rose-Croix
Gourinat, Barnes (dir.) Lire les stoïciens
Green Le discours vivant
Grimal La mythologie grecque
Grosskurth Melanie Klein
Grotius Le droit de la guerre et de la paix
Guitton Justification du temps
Gurvitch Traité de sociologie
Gusdorf La parole
Gutton Le pubertaire
Habermas Logique des sciences sociales
Halbwachs La topographie légendaire des évangiles en Terre sainte
Halpérin Histoire du droit privé français depuis 1804
Hamon Texte et idéologie
Hamsun Faim
Hauser Histoire sociale de l'art et de la littérature
Hayek Droit, législation et liberté
Hayek La route de la servitude
Hegel Principes de la philosophie du droit
Hegel Le magnétisme animal
Heidegger Qu'appelle-t-on penser ?
Henry La barbarie
Henry Voir l'invisible. Sur Kandinsky
Hirschman Les passions et les intérêts

Houdé (dir.) Vocabulaire de sciences cognitives
Houdé 10 leçons de psychologie et pédagogie
Huisman Dictionnaire des philosophes
Hulin La mystique sauvage
Hyppolite Figures de la pensée philosophique, vol. I et II
Jankélévitch Henri Bergson
Jaquet L'unité du corps et de l'esprit. Affects, actions et passions chez Spinoza
Jarrety (dir.) La poésie française du Moyen Âge au XXe siècle
Jones La vie et l'œuvre de Sigmund Freud
Vol. I : Les jeunes années, 1856-1900
Vol. II : Les années de maturité, 1901-1919
Vol. III : Les dernières années, 1919-1939
Johsua, **Dupin** Introduction à la didactique des sciences et des mathématiques
Jouanna La France du XVIe siècle, 1483-1598
Jullien La valeur allusive
Juranville Lacan et la philosophie
Kambouchner Les *Méditations métaphysiques* de Descartes, I
Kant Critique de la raison pratique
Kant Critique de la raison pure
Kaspi, Harter, Durpaire, Lehrm La civilisation américaine
Kearney, O'Leary (dir.) Heidegger et la question de Dieu
Kepel Al-Qaida dans le texte
Kervégan Hegel, Carl Schmitt
Klein, **Heimann**, **Isaacs**, **Rvière** Développements de la psychanalyse
Klein La psychanalyse des enfants
Kriegel (dir.) La violence à la télévision
Labre, Soler Études littéraires
Labrusse-Riou Écrits de bioéthique
Laburthe-Tolra et **Warnier** Ethnologie. Anthropologie
Lacoste, Riaudel (dir.) Dictionnaire critique de théologie
Lacroix Histoire des États-Unis
Lafon (dir.) Vocabulaire de psychopédagogie et de psychiatrie de l'enfant
Lagache La jalousie amoureuse
Lagache L'unité de la psychologie
Lalande Vocabulaire technique et critique de la philosophie
Lamarck Système analytique des connaissances positives de l'homme
Laplanche Hölderlin et la question du père
Laplanche Entre séduction et inspiration : l'homme
Laplanche Nouveaux fondements pour la psychanalyse
Laplanche Sexual. La sexualité élargie au sens freudien
Laplanche La révolution copernicienne inachevée
Lalande Vie et mort en psychanalyse
Laplanche Problématiques
I : L'angoisse
II : Castration. Symbolisations
III : La sublimation
IV : L'inconscient et le Ça
V : Le baquet. Transcendance du transfert
VI : L'après-coup
VII : Le fourvoiement biologisant de la sexualité chez Freud
Laplanche et **Pontalis** Vocabulaire de la psychanalyse
Larthomas Le langage dramatique
Lebecq Histoire des îles Britanniques
Le Blanc Canguilhem et la vie humaine
Le Bon Psychologie des foules
Le Breton Anthropologie du corps et modernité
Le Breton Conduites à risque
Le Breton L'interactionnisme symbolique
Le Glay, Le Bohec, Voisin Histoire romaine
Le Rider Modernité viennoise et crises de l'identité
Lebovici, Soulé La connaissance de l'enfant par la psychanalyse
Lebovici, Diatkine et **Soulé** (dir.) Nouveau Traité de psychiatrie de l'enfant et de l'adolescent (4 vol. sous film)
Leclant (dir.) Dictionnaire de l'Antiquité
Lecourt L'Amérique entre la Bible et Darwin
Lecourt Contre la peur
Lecourt (dir.) Dictionnaire de la pensée médicale
Lecourt (dir.) Dictionnaire d'histoire et philosophie des sciences
Lefrancq, Oger Lire les états financiers
Léonard Histoire générale du protestantisme
Leroi-Gourhan Les religions de la préhistoire
Leroi-Gourhan (dir.) Dictionnaire de la préhistoire
Levinas Le temps et l'autre
Lévi-Strauss (dir.) L'identité
Lévy-Bruhl Carnets
Libera de La philosophie médiévale
Liébert Nietzsche et la musique
Ligou (dir.) Dictionnaire de la franc-maçonnerie
Locke Lettre sur la tolérance
MacIntyre Après la vertu
Maïmonide Le livre de la connaissance
Marion Étant donné
Marion La croisée du visible
Marion Dieu sans l'être
Marion Sur la théologie blanche de Descartes
Marsault Socio-histoire de l'éducation physique et sportive
Martin Comprendre la linguistique
Marty, M'Uzan, David L'investigation psychosomatique
Marx Le capital, livre I
Marx (dir.) Les arrière-gardes au XXe siècle
Mary Les anthropologues et la religion
Marzano (dir.) Dictionnaire du corps

Mattéi La barbarie intérieure
Mattéi Platon et le miroir du mythe
Mattéi Philosopher en français
Mauss Essai sur le don
Mauss Sociologie et anthropologie
Meillassoux Anthropologie de l'esclavage
Merleau-Ponty La structure du comportement
Merlin, Choay (dir.) Dictionnaire de l'urbanisme et de l'aménagement
Mesure, Savidan (dir.) Le dictionnaire des sciences humaines
Meyer Science et métaphysique chez Kant
Meyer Pour une histoire de l'ontologie
Meyer Le comique et le tragique
Meyer Comment penser la réalité
Meyer Le philosophe et les passions
Meyer Petite métaphysique de la différence
Meyer De la problématologie
Mialaret Sciences de l'éducation
Michaud Hume et la fin de la philosophie
Michaud Locke
Michaud La crise de l'art comtemporain
Mill L'utilitarisme. Essai sur Bentham
Miquel La littérature arabe
Miossec Géohistoire de la régionalisation en France
Molinié La stylistique
Monneret Exercices de linguistique
Monneyron La frivolité essentielle
Montaigne Les Essais. Livres I, II, III
Montbrial L'action et le système du monde
Montbrial, Klein (dir.) Dictionnaire de stratégie
Moreno Psychothérapie de groupe et psychodrame
Moscovici (dir.) Psychologie sociale
Mounin (dir.) Dictionnaire de la linguistique
Mounin Histoire de la linguistique, des origines au XXe siècle
Moura Littératures francophones et théorie postcoloniale
Mousnier Les XVIe et XVIIe siècles
Mousnier Les institutions de la France sous la monarchie absolue
Nemo Histoire des idées politiques dans l'Antiquité et au Moyen Âge
Nemo Histoire des idées politiques aux Temps modernes et contemporains
Nemo Qu'est-ce que l'Occident ?
Nemo Les deux Républiques françaises
Nemo, Petitot (dir.) Histoire du libéralisme en Europe
Nielsberg (dir.) Violences impériales et lutte de classes
Nietzsche, Rée, Salomé Correspondance
Nisbet La tradition sociologique
Niveau et **Crozet** Histoire des faits économiques contemporains
Nozick Anarchie, État et utopie
Origas (dir.) Dictionnaire de littérature japonaise
Orléan (dir.) Analyse économique des conventions
Orrieux, Schmitt Pantel Histoire grecque
Palier Gouverner la sécurité sociale
Pariente-Butterlin Le droit, la norme et le réel
Parot, Richelle Introduction à la psychologie
Paugam La disqualification sociale
Paugam Le salarié de la précarité
Paugam La société française et ses pauvres
Paugam (dir.) L'enquête sociologique
Paugam, Duvoux La régulation des pauvres
Perrin Les praticiens du rêve
Piaget La représentation du monde chez l'enfant
Piaget Le structuralisme
Piaget, Inhelder La psychologie de l'enfant
Piéron (dir.) Vocabulaire de la psychologie
Pinçon, Pinçon-Charlot Voyage en grande bourgeoisie
Pirenne Mahomet et Charlemagne
Pisier, Duhamel, Châtelet (dir.) Histoire des idées politiques
Politzer Critique des fondements de la psychologie
Potte-Bonneville Michel Foucault, l'inquiétude de l'histoire
Poulain Sociologies de l'alimentation
Poumarède Pour en finir avec la Croisade
Poupard Dictionnaire des religions (2 vol.)
Poutignat, Streiff-Fenart Théories de l'ethnicité
Prairat De la déontologie enseignante
Prigent Le héros et l'État dans la tragédie de Pierre Corneille
Prigent (dir.) Histoire de la France littéraire
Vol. 1 : Naissances, Renaissances
Vol. 2 : Classicismes
Vol. 3 : Modernités
Quinodoz La solitude apprivoisée
Rawls Libéralisme politique
Raynaud, Rials (dir.) Dictionnaire de philosophie politique
Revue Diogène Chamanismes
Revue Diogène Une anthologie de la vie intellectuelle au XXe siècle
Reynié (dir.) L'extrême gauche, moribonde ou renaissante ?
Rials Villey et les idoles
Rials Oppressions et résistances
Riegel, Pellat, Rioul Grammaire méthodique du français
Rimé Le partage social des émotions
Robin Platon
Roché Sociologie politique de l'insécurité
Rodinson Les Arabes
Rodis-Lewis La morale de Descartes
Romilly (dir.) Dictionnaire de littérature grecque ancienne et moderne
Romilly La tragédie grecque
Romilly Précis de littérature grecque

Rosolato Le sacrifice. Repères psychanalytiques
Rosset Schopenhauer, philosophe de l'absurde
Rosset L'anti-nature
Rosset Logique du pire
Roussillon Paradoxes et situations limites de la psychanalyse
Roussillon Agonie, clivage et symbolisation
Rue Descartes Emmanuel Levinas
Rue Descartes Gilles Deleuze. Immanence et vie
Sabot Lire *Les mots et les choses* de Michel Foucault
Saïd, Trédé, Le Boulluec Histoire de la littérature grecque
Sala-Molins Le Code Noir ou le calvaire de Canaan
Sansot Les gens de peu
Sartre L'imagination
Schaeffer Le refus du féminin
Schmitt Le nomos de la Terre
Schmitt Théorie de la Constitution
Schnapper La compréhension sociologique
Schnerb Le XIXᵉ siècle
Schœlcher Esclavage et colonisation
Schopenhauer Aphorismes sur la sagesse dans la vie
Schopenhauer Le monde comme volonté et comme représentation
Schultz Le training autogène
Schwartz Le monde privé des ouvriers
Sen Éthique et économie
Senghor Anthologie de la nouvelle poésie nègre et malgache de langue française
Sfez La politique symbolique
Simmel Les pauvres
Simmel Philosophie de l'argent
Simmel Sociologie. Études sur les formes de la socialisation
Simon Histoire de la sociologie
Singly Fortune et infortune de la femme mariée
Sirinelli (dir.) La France de 1914 à nos jours
Sirinelli (dir.) Dictionnaire historique de la vie politique française au XXᵉ siècle
Smith Théorie des sentiments moraux
Soboul La Révolution française
Soboul (dir.) Dictionnaire historique de la Révolution française
Souiller *et al.* Études théâtrales
Soulez, Worms Bergson
Sourdel L'islam médiéval
Sourdel Dictionnaire historique de l'islam
Souriau Vocabulaire d'esthétique
Soutet Linguistique
Steiner, Vatin (dir.) Traité de sociologie économique
Strauss Qu'est-ce que la philosophie politique ?
Strauss, Cropsey Histoire de la philosophie politique
Supiot Critique du droit du travail
Supiot (dir.) Pour une politique des sciences de l'Homme et de la société
Tadié Le roman d'aventures
Taton (dir.) La science contemporaine
Vol. I : Le XIXᵉ siècle
Vol. II : Le XXᵉ siècle. Années 1900-1960
Tenzer Pour une nouvelle philosophie politique
Teyssier (dir.) Dictionnaire de littérature brésilienne
Tolstoï Qu'est-ce que l'art ?
Touchard Histoire des idées politiques, t. I
Touchard Histoire des idées politiques, t. II
Tulard La France de la Révolution et de l'Empire
Turpin Droit constitutionnel
Van Tieghem Les grandes doctrines littéraires en France
Van Ypersele (dir.) Questions d'histoire contemporaine
Van Zanten (dir.) Dictionnaire de l'éducation
Veltz Mondialisation, villes et territoires
Verger Les universités au Moyen Âge
Vernant Les origines de la pensée grecque
Vernette et **Moncelon** (dir.) Dictionnaire des groupes religieux aujourd'hui
Viala Lettre à Rousseau sur l'intérêt littéraire
Viala (dir.) Le théâtre en France
Villey Le droit et les droits de l'homme
Villey La formation de la pensée juridique moderne
Wallon Les origines du caractère chez l'enfant
Wallon Les origines de la pensée chez l'enfant
Walter, Feuillard (dir.) Pour une linguistique des langues
Weber Manuel de l'ethnographe
Weber Sociologie du droit
Weil-Barais (dir.) L'homme cognitif
Widlöcher Le psychodrame chez l'enfant
Widlöcher Traité de psychopathologie
Wolff Dire le monde
Worms Bergson ou les deux sens de la vie
Wotling Nietzsche et le problème de la civilisation
Zarka Hobbes et la pensée politique moderne
Zarka Comment écrire l'histoire de la philosophie ?
Zarka L'islam en France
Zarka, Pinchard (dir.) Y a-t-il une histoire de la métaphysique ?
Zazzo Les jumeaux, le couple et la personne
Zehnacker, Fredouille Littérature latine
Zink Littérature française du Moyen Âge
Zink Phonétique historique du français
Zourabichvili, Sauvagnargues, Marrati La philosophie de Deleuze
Zweig Montaigne

Cet ouvrage a été composé par IGS-CP (16)

Achevé d'imprimer en septembre 2011
dans les ateliers de Normandie Roto Impression s.a.s.
61250 Lonrai (Orne)
N° d'impression : 11-3149
Dépôt légal : septembre 2011

Imprimé en France